トップ1%に上り詰める人の
頭の中身

必ず結果につながる「思考の習慣」

HABIT OF THINK

鳥原隆志
Takashi Torihara

大和出版

そりゃそうだよ、と感じられるかもしれませんが、これが決定的な瞬間なのです。

アラームつきのタイマーを置くだけで、従来の習慣が変わり、別の行動になりました。

しかし驚くのはこれからです。

何回かワークを重ねている途中に、そっとタイマーを撤収しました。それでも、時間を意識してワークに取り組んだ結果、時間をオーバーすることはなかったのです。

一度「時間内に結論を出した」人は、次にワークをしても時間内に仕上げるようになるのです。そのグループメンバーのレポートには「時間内に結果を出す大事さ」が書かれていました。


従来、習慣とは理解をして行動し、それを続けること、と思われていました。

しかし、私は違うと考えています。**まず行動をして、その行動の意味を理解することで新たな習慣につながる。**

もう少し詳しく説明しましょう。行動を半ば強制して変えることで、その行動への理解が変わり、思考が変化します。例えば時間内に結果を出す行動を強制されたとしましょう。その意味やメリットが理解できたとき、それは思考が変わったということです。

その上で、その変化した思考から行動が変化するようになったとき、能力が発揮されるようになったと言えます。先ほどの時間を守るというケースでは、計画組織力が向上するのです。そして、結果として成果も上がるのです。

私が受講生に伝える行動の変え方は「劇的に変えない」ことです。多くの場合劇的に変えると、逆作用がありうまくいかない。だから、「ほんの少し単純な行動を変える」ことです。

ただし、行動を変えても、数日たてば元に戻ります。

気合を入れて行い始めたダイエットも次の週にはやめて、元の生活に戻っている。こんな経験はないでしょうか?

これを私は**人間平均化の原則**と呼んでいます。

人間平均化の原則とは、1人ひとりには、その人の平均線があり、ある刺激を受けて行動を大きく変えたとしても、本質が変わっていないのでまた元に戻ってしまうという原則です。おそらくこの原則は、私がうんちくを語るより、みなさん自身の経験を辿っていけば必ず1つ2つの例は思いつくはずでしょう。

マラソンを始めたが翌週には続かなかった。上司に叱られてその場では行動を変えたが結局元に戻った。それはすべて人間平均化の原則によるものなのです。

行動を習慣に変えるポイントは、具体的な行動であること、持続しやすい行動であること、そしてその行動のメリットを考えることです。

本書では、各項の最後にあなたにしてほしい行動を書いています。「マーキングする」とか「自分で役割を買って出る」など、ごく単純なことばかりです。

これらはエリートたちが実践して継続できている習慣で、インバスケットで測定する能力の伸びにも寄与している行動ですが、それだけ見てもどんな意味があるのかピンとこないかもしれません。つまり、だれでもできることしか書いていません。言い換えれば「**だれでもできる習慣だが、多くの方ができていない**」ものをご紹介しています。

できる人にはできるなりの習慣があります。

本書は読みやすいようにある若者が主人公のストーリーになっています。

ぜひ肩の力を抜きながら、主人公になったつもりでお読みください。あなたに最大の気づきがあることを期待しています。

必ず結果につながる「思考の習慣」——目次

プロローグ
結果を出し続ける人には、出し続けるなりの習慣がある

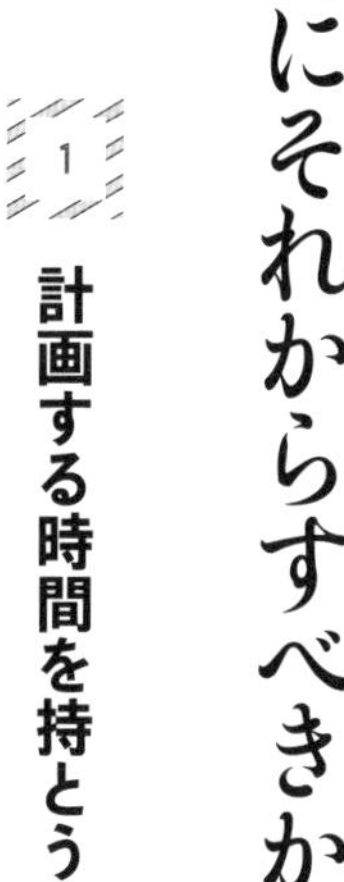

思考の習慣 1 ——優先順位設定力

「本当にそれからすべきか」

思考の習慣 2 ―― 問題発見力

「本当にその見方でいいのか」

思考の習慣 3 ── 問題分析力

「本当にこの方向で正しいのか」

思考の習慣 4 —— 創造力

「このやり方のままで大丈夫か」

思考の習慣 5 ── 意思決定力

「自分の考えをどうはっきり伝えるか」

思考の習慣 6 ── 洞察力

「次はどうなるのか」

「だれにやってもらおうか」

思考の習慣 7 ── 計画組織力

思考の習慣 8 ── 当事者意識
「自分がなんとかしよう」

思考の習慣 9 ——ヒューマンスキル

「本当にその関わり方でいいのか」

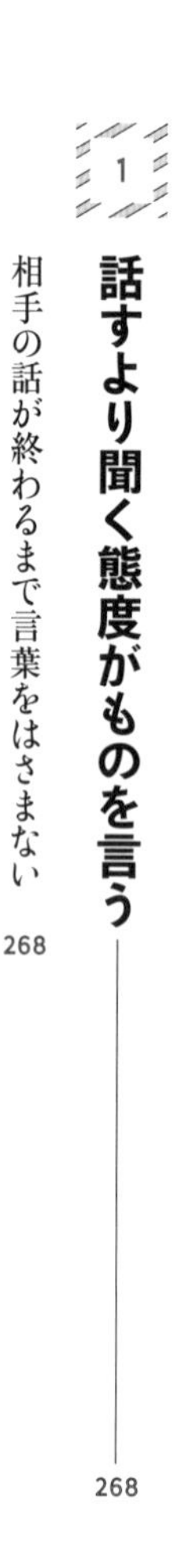

思考の習慣 10 ── 成長力

「自分の道を進むために何をすべきか」

本文デザイン——斎藤知恵子（sacco）
ＤＴＰ・図版——青木佐和子

プロローグ

結果を出し続ける人には、出し続けるなりの習慣がある

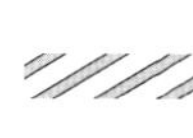

結果を出し続ける公式

できる人とはどんな人でしょう。ある本には「スキルとマインドが必要である」と書かれていました。

しかし私はそうは思いません。スキルとマインドだけを備えていてもなんにもなりません。それらを使って成果を上げる人ができる人だからです。

さらにもう1つつけ加えると、成果を上げ続けることです。

ビジネスの世界で、生き残っているのは成果を出し続けた人です。例えばたまたまヒット商品を出した、偶然会社で業績トップになった人が、リーダーになってもその後に消えてしまうというケースを、1万人を超えるエリートたちの研修の中でいやというほど見てきました。

つまりマインドとスキルを使って行動し、成果を上げるだけでは不十分で、それらが継続しなければならないということなのです。

それが「習慣」なのです。**結果を出し続ける人には結果を出す習慣がある**のです。しかもスキルが高くすばらしいマインドがある人だけが成果を出し続けるわけではありません。成果の出る行動を、あたかもあたりまえのように習慣にしている人が「できる人」です。

私が懇意にしているコンサルタントの方は、毎年1回アメリカの教育の展示会に行って、教育の最新情報を入手し、実際に活用されています。しかも自費で参加し続けていて、これはすごいな、と思いました。

しかし、その方からすれば、最先端の教育の情報を入手するのはあたりまえとなっています。しかも毎年継続して参加しているので、経年での変化もわかりますし、人脈も形成されます。

これは「最新の情報を自分の目で確認する習慣」です。

このようにできる人はごく普通に成果が出やすい行動を取っています。これを「**成果を出し続ける公式**」と呼び、インバスケットでは70ほどの公式が測定できます。

思考の習慣が「10個の能力」を高める

さて、できる人は成果を出し続ける人だと書きましたが、その人のまねをしていきなり成果が出るかというと、そうではありません。

それは、プロ野球選手のまねをしてバッターボックスに入っても、豪速球を打つことができないのと同じです。

成果を出し続けるにはいくつかの能力が必要です。

マネジメントに必要とされる能力として、ロバート・カッツが提唱した「カッツモデル」を使ってご説明しましょう。

このカッツモデルでは、大きく3つに仕事をする上での能力がわけられています。TS（テクニカルスキル）、HS（ヒューマンスキル）、CS（コンセプチュアルスキル）です。

TSとは業務に必要な作業の進め方や商品知識などを指し、具体的にはパソコンの操作方法などが当たります。

ＨＳとは対人関係能力のことです、相手と円滑なコミュニケーションを取れる能力で、具体的には「お礼」を言ったり、適切に指導ができるなどの行動が当たります。

そしてＣＳは職務遂行能力のことです。問題を解決したり、判断をするなどの行動がそれに当たります。

成果を出し続けるための能力としてはＨＳとＣＳが特に重要です。

このＨＳとＣＳをより具体的に分解すると次の9個の能力にわけることができます。

優先順位設定力……多くの仕事に優先順位をつけることのできる能力
問題発見力……何が問題かを見極めることができる能力
問題分析力……仮説を立てて裏づけを取ることができる能力
創造力……いろいろな発想でアイデアや対策を作ることができる能力

意思決定力……明確な意思決定を下して相手に伝えることのできる能力

洞察力……先を見通したり、全体を見て判断したり、計画する能力

計画組織力……判断したことを計画に落とし込み、組織や部下を使って処理する能力

当事者意識……主体的に物事に取り組み、役割を遂行する能力

ヒューマンスキル……人に対して配慮したり、感謝するなどの対人関係をよくする能力

これらの能力は私の今までの著書でもご説明してきましたが、今回はさらにもう1つ。

成長力……経験や教育から、自分の知識や能力を伸ばす力

この「成長力」を加えた10個を本書の中でご紹介していきます。

しかし、本書の目的は10個の能力を身につけることではありません。これらの能力を伸

ばすための行動を学び、行動を習慣化することで、結果として能力を伸ばしていくのです。

能力と表現すると、何か特別な力と思ってしまうのですが、これらの能力はみなさんにすでに備わっています。問題はそれらが発揮されて行動となり、習慣として身についているかどうかなのです。

まず、行動してそこでどのようなメリットがあったかを考えてください。そうすれば思考は変化し、成果の出やすい行動が習慣化されて身に付きます。それが今回ご紹介した10個の能力が伸びた状態なのです。

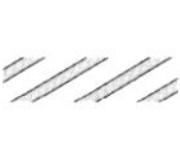

アシスタントの仕事はこうして始まった——STORY

私は柚木春樹。この貸し会議室の運営を手伝うアルバイトをしている。

あのまま新卒で入った会社にいれば入社5年目になるのだが、入社3か月で辞めてしまった。上司と気が合わなかったのが一番の原因だが、どうも自分は会社員というか、社畜には向かない。それは自分の中のどこか反社会的な性格が原因なのかもしれない。

大学の学習スペースのようなきれいな職場環境をイメージして入社した会社も、窓のほとんどない倉庫の一室で毎日伝票入力。自分には向かない、ただその一言に尽きる。もちろん「大きなことを成し遂げたい」という想いは人一倍ある。一方では「自分には可能性がそれほどない」ということもわかっている。

以前の上司は私に「夢をもって頑張れ」なんて言っていたが、上司や同僚を見ていると夢なんてかけらも感じられない。そんな環境で「夢をもて」なんてよく言えたものだ。「ミスらなくて普通」の仕事の上に、朝礼で大声を出して古びた社訓を唱和し、朝7時から夜11時までガツガツ働く。それは自分の仕事のイメージではなかった。

期待してくれている両親に申し訳ない思いから、公務員を目指した。安定性が魅力だった。今私は、夜は予備校に通いながら、昼はこの「Z貸し会議室」でアルバイトをしている。

Z貸し会議室は東京の日比谷駅から5分という立地のよさから、企業の研修や講演などで使われる。私の仕事は会議室の机の配置や音響のチェック、受付、時にはアシスタントとして運営の手伝いも行う。まあ、言われたことはなんでもそつなくこなす。

元々はこの会社のカラオケ店でアルバイトをしていたのだが、先月その店が閉店し、この会議室に転属になったわけだ。

この会議室は、6階のエレベーターを降りるとラウンジが広がる。まるでホテルのロビーだ。床には明るい茶色の絨毯が敷き詰められている。ロビーの右側にカウンターがあり、その奥にあって、カウンターから丸見えの小さな事務所が私の居場所だ。

ロビーから真正面に廊下が伸びて左右に合計4つの部屋がある。今は区切って4つになっているが、間仕切りを取り払うと、2つの部屋が1つになり、最大収容人員200名が入る。部屋もなかなかシックな感じで悪くない。

眺めも最高だ。日比谷公園の奥には新宿方面の街並みが遠くに見える。


「ゆずきちゃん。Dの部屋の講師の水を換えてくれた？」

上司である屋敷が私を呼ぶ。この呼ばれ方は大嫌いだ。今のように上司や先生から「ゆずき」と呼ばれるたびに、周りがくすくす笑うのだ。女性の名前に聞こえるからだろう。

「はい、換えておきましたよ。あと、Bの部屋のピンマイクのねじが外れちゃったみたいです」

「えーまじで。参ったな。なんとかならないかな」

屋敷はわざとらしく困った顔で、私に仕事を振った。私は心の中でつぶやいた。

この会議室の責任者だったら自分でなんとかしろよ。

そういえば、屋敷は確かあと5年で定年だとか言っていた。なんでも、昔はこの会社の取締役候補にまで行ったとか。もちろん本人が語っていたので真偽のほどは確かではない。ただこの要領のよさは太鼓判が押せる。とにかく人に仕事を振りまくり、仕事をしない天才だ。上の人が巡回に来たときだけ、腕まくりをして動かさなくていい机を動かすような人だったりする。


「ゆずきちゃん、そうそう、来週からさあ、毎週金曜日の夜に入ってほしいんだけど」

屋敷が手帳を見ながら私に言う。私はマイクを直しながら聞こえないふりをする。

「実はゆずきちゃんにしかできない仕事があってさあ」

屋敷が私の背後に回り肩に手を置く。生温かいずっしりとした手は正直気持ち悪い。手を払いのけるようにして振り向く。

「所長。僕金曜日は学校なんですよ」

「いやいや、それを承知でお願いしているんだよう。それに、手当もつけるからさあ」

手当とは契約以外の仕事をしたときにつくお金だ。例えば、この前は催眠術をかけられる役をしたり、その前はカメラマンもした。その業務によって手当がつく。

「どんな仕事ですか？」

「いやあ、ありがとう。君だけが頼りだよ。実は来週から『ゴールドコース』とかいうセミナーが始まるんだけど、その補助をしてほしいんだよね」

「補助ならだれでもできるんじゃないですか」

「いやあ、その講師さんがうるさい人でね。前にいたアシスタントなんて辞めちゃったんだよ」

この仕事をしてはじめて思ったのだが、講師だとかコンサルだとかには少しおかしな人が多い。変なこだわりがあったり、自己主張がすごかったり。この前は、出したお茶が熱いと突き返されたし、マナーを延々と私に説教する女性講師もいた。

しかし、ゴールドコースか……。名前は悪くない。きっと財テクとかラクして儲けようというたぐいのものだろう。それなら何かの役に立つかもしれない。なんせ、アシスタントの役得はただでセミナーが聞けることだ。

「そのゴールドコースってどんなセミナーなんですか」

おっ、といった顔で屋敷はファイルをバサバサとめくり、ようやく見つけた申込書を持ってきた。

「なんでも大企業のトップエリートを教育する少数のスクールらしいよ。ゆずきちゃんのためにもなるんじゃないかな。ちなみに同じ会社が主催するセミナーがその向かいのルームDでも行われる予定で、それはブロンズコースというらしいよ」

なんだ、財テクじゃないのか。しかしこのコース、ランクがあるのか？　パンフレットを見ると、ゴールドコースには試験があり、倍率は5倍だとか。エリートが来ると見える。一方のブロンズコースは、「できない社員を戦力化する」というキャッチフレーズがパンフレットにある。

私なんかが送り込まれるようなコースか？

「ねえ、ゆずきちゃん。なんとかお願い。この通りだから」

屋敷はねとっとした手で私の手を握り締めてきた。

まあ、来週金曜の予備校は、面白くない講師だし、今月は出費も重なったから1週だけ仕事を受けることにするか。

屋敷は満面の笑みを浮かべながら再び私の手を握ろうとしたが、私は立ち上がり、危機一髪で触れられずにすんだ。

「そうそう、明日、その講師がやってくるから打ち合わせに参加してよ」と、屋敷は私に言った。

そして翌日、午後3時にいつも通り出勤すると、屋敷が青ざめた顔でエレベーター前に立っている。

「ゆずきちゃん。遅いよ。もうあの講師が来ているんだ。少し気を利かして早く来てくれなきゃ」

はあ？ そんなことは今はじめて聞いた。私の主義は時間を有効的に活用すること。遅刻はしないが、無駄な時間は働かない。だから、時間までこのビルの下のカフェで過ごしていたのだ。

慌てて私を引っ張る屋敷。

講師控室に入ると、パンフレットに載っていた「友野優佳（とものゆうか）」が座っている。写真通り無表情な奴だ。

背丈は私より5センチほど高い。折り目のついた紺色のスーツに、赤いポケットタイがいかにも講師らしい。髪型も、まるでホテルマンのようにきちんと真ん中でわけられている。

私を見ると笑顔で立ち上がり、名刺を差し出した。

「ゴールドウィン社の友野です。よろしくお願いします」

頭を下げた後、眼鏡の奥の目がきらりと光った。

「柚木春樹といいます」

「ゆずきさんね。あまり私の周りにいないお名前だね。どちらのご出身ですか？」

「岡山です」

「そうですか。私もよく岡山に研修で行くけど、いい街ですね」

こいつ……、今までの講師と少し違う。無表情なくせに柔らかな話し方で、上から目線ではない。本当にこいつがそのアシスタントを辞めさせた講師なのか？

拍子抜けになった瞬間に、きつい言葉が私を貫いた。

「あの屋敷さん、早速ですがこの方は私の補助には向いてないですね」

屋敷は慌てて前のめりになった。

「あ、友野さん、彼はですね、西沢大学を首席で卒業してですね。あの大手荻野運輸に入社して……」

友野は首を横に振る。

「そんなことは問題ではありません。時間管理ができないアシスタントがいると、十分な講義ができません」

〝時間管理ができない〟という言葉が私には我慢ならなかった。

「ちょっと待ってくださいよ。別に時間に遅れたわけじゃないでしょ。それを時間管理ができないっていうのはどういうことですか」

友野は食い入るような目で言った。

「柚木さんは知らないんだね。時間通りに間に合えばいいのが時間管理だと思っているんだね」

「僕は時間に間に合えばいいと思っているわけじゃないです。時間を有効に使おうとしているだけです。それがどうして悪いんですか」

屋敷は横で「あちゃー」という小さい声を出した。

「このゴールドコースはトップエリートの講座です。だからアシスタントもそれなりの方じゃないと、アシスタント自身も恥ずかしい思いをされる。あなたがそれが正しいと思うなら、私は横から意見をする立場にない。ただ私のアシスタントには向かないね」

屋敷は私に「ったく、もういいよ。いったん出て行って。私がなんとかするから」と耳元で囁いた。

なんだよ。屑のような扱いをされて、最後はあっち行けって？　おかしくねーか。

「ちょっと待ってくださいよ。こっちは金曜日の授業をキャンセルするのに、もういいはないでしょ。こんなところでもうやっていられません。辞めます」

私はただがアルバイトだ。この人手不足の世の中ではどこでも引く手あまただ。

屋敷は「まあ、まあ」と言いながら友野を見つめる。


「キャンセル……、そうかそんな背景があったんだね。僕も君の都合を考えずズケズケ言い過ぎたね。お詫びにならないかもしれないけど、じゃあ、1週だけアシスタントをお願いできるかな」

「いや、どうせ使いものにならないので」

「うーん。でも使える可能性もあるからね」

なんだよ。このおっさん。とんでもないことを笑顔で言っている。

「もちろん、報酬だけのメリットではなく、君には他のメリットもある」

「他のメリット？」

「ああ、できる人の時間管理がどのようなものかがわかるからね」

ふーん、なら私が本当は時間管理ができることを、この失礼な野郎に見せつけてやる。

どうせ1日だけだ。

思考の習慣 1

「本当にそれからすべきか」

優先順位設定力

計画する時間を持とう

トップエリートは講義に早くやってくる

金曜日僕は集合時間の30分前に会議室に入った。

このセミナーの開催時間はその日によって異なる。今日は夜だが、次回は土曜日1日を使うようだ。

控室を覗くとまだ電気がついていない。まずは一安心。しかし、ルームBには灯りがついている。アッと思ったら、屋敷が苦虫を噛み潰したような顔で「もう来ているよ」と私に言葉をかけた。あの講師、よほど暇なんだな……。

私はルームBを覗いた。すると15名くらいの受講生がすでに着席し、テキストを読んでいる。そんなに早く来ても受講開始時間は一緒だし、もっと他のことをしていればいいのに……。

それにしても対照的なのはルームDだ。こちらはブロンズコース、つまり企業の問題児が送り込まれるコース。開始15分前なのに、1割も来ていない。来ている受講生はみなスマホを眺めたり、机にうつぶせて寝ている。

私は本日のアシスタントで何をすればいいのか知らされていないので、友野の指示を仰ぐ。

表面的には純朴にするのが私の得意技だ。

「こんにちは」

私は講義台にいる友野に声をかけた。

「やあ、来てくれたんだね。今日はよろしく」

「えっと、今日、私は何をすれば」

「うん、何もしなくていい」

は？　聞き間違えたのか？

「今なんておっしゃいました？」

友野は光るような笑顔を見せながら同じ言葉を繰り返した。

「何もしなくていい。ただし、これを書いてほしい」

友野の差し出したのは「ノート」だった。

「何を記録したらいいんですか？」

「このノートのページに、今回の受講者が取っている行動と君の行動の違いを書いてごらん。そしてそれを講義終了後に私に教えてほしい」

「行動、あくびしているだとか……ですか」

「あはは、そんなことは問題じゃないよ。君がまねたいと思う行動を書いてみてごらん」

「話すテクニックなどを書けばいいのですか」

「違うね。もっと深く本質的なものだよ。いわば習慣かな。ここに集まっている方々は各企業のエリート中のエリートだよ。学ぶべきものがあるよ。まずは時間管理についての習慣を学ぶといい」

友野はどうやら私に時間管理を学ばせたいらしい。

くだらない仕事だ。でもこれで報酬がもらえるなら、暑い中着ぐるみを着せられるよりましだ。

私は部屋の後方の机にノートを広げ、観察をしてみた。

このコースの人数は20名か、もう17名来ている。あ、また1人来た。そして開始15分前には全員が揃ってしまった。

友野が私の机にやってきた。

「なぜわからない？　君の行動と決定的に違うところがあるだろう」

「私と？　たまたま、みな早く来ただけじゃないですか？　じゃあ、早く来ればいいということですか？」

「それは問題ではないね。君は表面的な部分だけ見ている。彼らがなぜ早く来たかを観察するべきだね」

そう言い残して友野はまた講義台に戻って行った。

観察っていっても……。そうだ、ルームDの受講者を少し覗いてみれば、ここに集まった受講生との違いがわかるだろう。

ルームDを覗くと、そろそろ開始時間なのにまだ続々と受講者が扉を開けて入ってきている。すでに部屋に入っている人も、上着をかけたり、テキストをゴソゴソと取り出している。

ルームBに戻る。すると開始5分前にも関わらず、空気は張り詰め、前で友野が注意事項などを説明しだした。

友野は言った。

「少し早いですが、みなさん揃われているので始めてもよろしいですか」

受講生は「はい」と声を揃えて言った。

フライングスタート……？？

もう一度ルームDに行く。開始時刻ぴったりになり、前に講師が現れた。

「みなさんご着席ください、今から説明に入ります」

ぞろぞろと受講生は着席し、ようやくカバンから筆記用具を取り出している。

もしかしてこれか？　違いってやつは……。

私は席に戻り、ノートに書いた。


「開始時間前には準備を完了していること」

たった数分の準備がパフォーマンスを上げる

「勤務時間に会社にいればいい」と20代の私は考えていました。まるで学生のような甘い考えでした。

規則上はそれでよいかもしれませんが、ある上司に指導されたことがあります。

「始業は最大のパフォーマンスが出せる状態にしてある時間」

これを聞いて私は少し早めに職場に行くようにしました。そして早めに仕事を開始したのです。


でもそれも間違いでした。それは早出残業であり、最大のパフォーマンスを上げる行動ではないのです。


最大のパフォーマンスを上げるには**「計画」「イメージ」「準備」**などの行動が大事です。

私が行っているインバスケット研修でも30分前に来られて、私と会話をされたり、あらかじめテキストに目を通されたりしている方がいる一方で、数分前にコーヒー片手に入って来られる方がいます。

実はそこで研修効果、つまりその日の成果は大きく変わってしまいます。当然、準備する時間を取っているほうが断然パフォーマンスは高いのです。これは仕事でもまったく同じです。

計画の時間をあらかじめ始業前に確保する。または午後の時間の前に取る習慣のある方は、成果を上げやすいのです。

実は、計画を作る時間を確保する習慣のある方は、インバスケット試験の際にもそれが現れます。闇雲に案件処理に入らないのです。計画を立ててから優先順位をつけてテストに入ります。点数も高い傾向にあります。

習慣の驚くべき点は、その習慣を取っている方はそれを**「あたりまえの行動」**として、疑問を抱かないところです。

「計画する時間を確保する」、その日のたった数%でもその時間を取るだけで、成果は見違えるようによくなります。

すぐにチャレンジ！
優先順位設定力を身につけよう

いつもより5分早く出勤して、今日の準備をしてみる。

2

一番大事なのはどんな時間なのか？

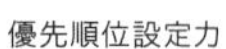

セミナー出席のために仕事を休むのはなぜ？

「へえ、なかなかいい点を押さえているね」

友野は受講生がワークをしている間に、ノートを見て言った。

そして講義台に戻っていった。

友野の言いたいことはこれだったのか？　でも、もしそうだとすれば、「早めに来て準備をする」だけでできる人間になれるとすれば、あまりにもありふれすぎている。私は拍子抜けした。きっとこんなことじゃない。まだあるのだろう。私は受講者の観察を続けた。

私の机は講義台から見ると一番奥にある。受講生の席は3つのテーブルが固められた島になっている。私だけ一本の長机にポツンと座っている。

私の前には4番目のグループがいる。第4班と呼ばれている。

その1人が休憩中に私に質問をしてきた。竹ノ内誠一と名札に書いてある。

「えっと……そのコンセント借りてもいいですか？　携帯を充電したいので」

「もちろん、どうぞ」

私が返事をすると、大きなスーツケースの中からアダプターを取り出した。

「どちらからですか」

東京の言葉とは少しアクセントが違うので声をかけた。

「自分は島根です」

「遠いですね」

「そうでもないですよ。まあ、今夜は1泊して帰ります」

「じゃあ、明日朝一番で戻ってお仕事ですか」

私は同情した。講座は21時までだが、それから空港に行っても最終フライトに間に合わないのだろう。

「いえ、有休を取っていますので」

「え？　今日のためにですか？」

「はい」

アダプターをつなぎながら平然と答えた。

この講座のために仕事を休む。仕事と勉強とどっちが大事なの？　私はそう思った。

「いい職場ですね。有休がすんなり取れるとは」

私が嫌味を交えて質問すると、竹ノ内は苦笑いしながら答えた。

「正直、有休は取りにくいですよ。あくまで自己啓発ですから。でも、どんなふうに見られようと、このセミナーを通じて自分を変えることが重要だと思っています。だから、あえてこのセミナー参加を選びました」

私はまだ理解できなかった。

それは自分のために仕事を犠牲するということで、あまりに無責任すぎるのではないか？

「あの……、それは、仕事を犠牲にしているというふうに私の目には映るのですが」

竹ノ内はおかしなことを聞くな？　という顔をしながら答えた。

「違います。自分の中で何が重要かを考えてそれを優先しているだけです。人生で一番大事な時間を仕事で犠牲にするのは自分の考えではありません」

竹ノ内は会釈して私から離れていった。

自分の一番大事な時間を優先する、私はそれができていたのか？　しばらく考えてみた。

そもそも、自分の一番大事な時間が何かを見失っていたのではないか？

今回のセミナーのアシスタントも、頼まれたから受けたにすぎない。つまり、自分の大事な時間を重要ではない他人に奪われているのかもしれない。

私はノートに書き込んだ。

「自分が大事だと思ったことを優先する」

実は、だれも仕事が一番とは思っていない

今のあなたにとって一番大事な時間とはどのような時間ですか？

セミナーで受講者に私がこの質問をしたときには次のような答えが返ってきました。

「休日にゆったりした時間を過ごすこと」

「家族と過ごすこと」

「旅行に行ってリフレッシュすること」

そして、まったくなかった答えは「仕事」でした。

もちろん、仕事が大事だと考えている人もいらっしゃるでしょう。

私もその１人でした。でもよくよく考えると、「仕事が大事」なのではなく、「仕事をしなければならない」と思い込んでいただけなのです。

ある方が相談に来られました。

「昇格試験前の勉強をしたいのですが、仕事が忙しいので時間が確保できません」

私は有休などを使って時間を確保するようにご提案しましたが、その方は顔を横にふり、「有休など私用で取れる環境ではない」とおっしゃいました。

もったいないな、と思いました。

なぜなら、昇格試験はビジネスマンにとって千載一遇の好機です。チャンスなのです。なのに、仕事にその好機を奪われようとしているのは非常に残念です。

一方で、これを逃すと大変だとばかりに時間を確保される方もいます。その方は決して暇なわけでもないでしょう。有休を取りやすい環境でもないでしょう。それでも、自分の**大事なことをする時間の優先順位を上げている**のです。

そのような思考の習慣があれば、行きたくない飲み会も断れますし、相手に自分の意思も伝えることができるのです。

すぐにチャレンジ！
優先順位設定力を身につけよう

1日10分自分だけの時間を勤務時間内に固定する。
その10分はだれにも邪魔されず、
自分だけが使えるというルールを作る。

3 マトリクス思考のすすめ

縦軸と横軸で4つにわけてみる

友野の講義1日目のテーマは「現在の気持ちの自己分析」だった。

ワークもいたって簡単。今の自分の抱えている感情を白紙に書き出すというものだ。はたから見ると「やる意味があるの？」と思う内容だが、受講者の目は恐ろしく真剣だ。

私も何もしないのも手持ち無沙汰なので、白紙に自分の感情を書き込んでみた。

「自己満足」「不要」「偽善」「焦り」……。

書いてみるとさまざまな感情があるのはわかったが、これが何を意味するのかがまったくわからない。ワークは15分ほどで終わり、友野がある受講者に発表するように求めた。

ほっそりとした風貌に、明るい紺のダブルジャケットを着こなしたインテリ風の男性が立った。座席表を見ると彼は運送会社社長の小島雅彦という。

「では発表します。私は自分の感情を、〝だれに向けての感情なのか〟そして〝自分にとって有益な感情なのか〟という2つの軸でわけてみました」

そう言うと自分の書いたマトリクスを額の上にかざし、まるで賞状を見せるかのように180度回った。

私と決定的に違ったのは、自分の感情を書き出すだけではなく、それを分類していることだ。しかも、2つの軸で。そして2つの軸をかけ合わせてマトリクスに表している。

私もただ書き出しただけではない。項目の横に〇×は記入している。これはネガティブな感情とポジティブな感情だ。しかし、小島の発表を聞いたときに、自分が1つの軸だけで優越をつけようとしていることの無意味さを痛感した。

小島はロジカルに説明を続けた。

「つまり、私にとって、相手への感情で無益な感情は消し去るべきであり、逆に自分に対する有益な感情を意識することが、今の自分からの脱却につながるという結論になりました」

受講者から拍手が上がる。

1つの軸だけだと2つの区分けになり、2つの軸でわけると4つの領域にわけることができ、より整理がしやすくなり、かつ抜けや漏れがなくなる。そして分類したグループに意味づけが生まれるのだ。

おそらく彼らの中には、物事をマトリクスで考えて分類する習慣ができているのだろう。私はノートに書き込んだ。

「分類する習慣」

仕事にメリハリがついてくる極意

私たちインバスケット研究所内でのよく聞かれる言葉に「B象限」があります。

例えば、会議の議題は基本的に「B象限」です。教育や長期的な戦略、メンテナンスなどが議題になります。またトラブルが発生したときには、表面的な解決だけではなく、根本の原因であるB象限の部分に何があるのかを議論します。

優先順位実行マトリクス

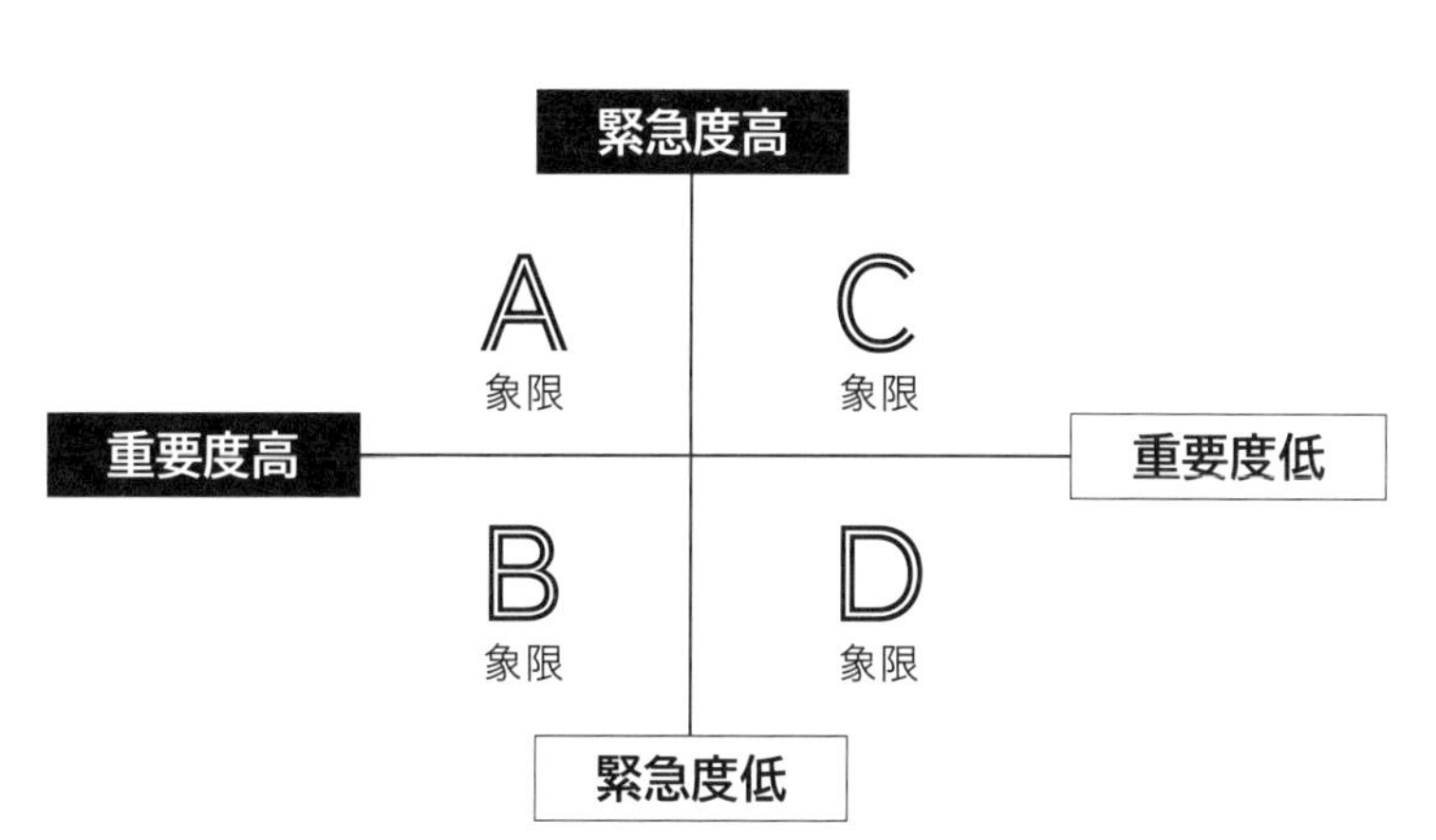

私たちが行っている仕事を「緊急度」と「重要度」の2つの軸で区切って考えると4つの象限に表すことができます。このとき緊急度は低いが重要度が高い象限を「B象限」としています。

この象限に力を入れることで、トラブルや事故などが減り、効率的でかつ成果の上がりやすい時間のサイクルが生み出されます。

このB象限も、縦軸と横軸の2つの軸からなるマトリクス表があってこそ比較が可能となり、優先順位を認識できるのです。

このマトリクス表は時間管理だけではなく、有名なものではPPM（プロダクト・ポートフォリオ・マネジメント／市場占有率を縦軸に、成長性を横軸にとって、各商品の戦略を決める手法）や、SWOT（スウォット）分析（強み・弱み・機会・脅威の４象限にわけて戦略方針を決めていく方法）などでも使われています。

私の顧客は、社員の性質や能力をマトリクス表にすることで、仕事の進め方は間違っていないが情熱が足りないタイプの社員には、「モチベーションアップの研修」、逆に情熱はあるが仕事の進め方に課題がある社員には「仕事の進め方研修」というように、全員にまんべんなく同じ教育をするのではなく、分類して意味づけすることで、有効な活用をしています。


マトリクス表で分類する習慣がある方は、すべてを均等に扱おうとはしません。

例えばインバスケットの回答を見ても、非常にメリハリがあります。ぎっしり回答しているものとそうでないものがはっきりわかれます。つまり仕事にメリハリをつけるのです。


日常の仕事も時間の軸だけではなく、他の軸を入れると、その順番は大きく変わります。また判断をする際にも、マトリクスを使ってみると整理がしやすくなります。

このマトリクス思考を使う習慣があると、**物事を整理しやすくするというだけではなく、整理したことを行動に変換しやすくなります。**それは分類することで根拠づけされ、行動に対する自分自身の納得感が上がるからです。

すぐにチャレンジ！優先順位設定力を身につけよう

今抱えている仕事を緊急度と重要度の2つの軸で整理し、何からするべきかを考えてみよう。

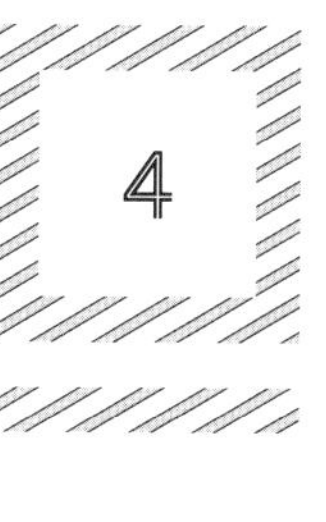

重要度の低い仕事のうまいやり方

大事なのは、すべてをしようと思わないこと

時刻は20時45分を過ぎた。講義は21時までであるが、友野は講義を終了。質問タイムが始まった。

いくつかの手が一気に挙がる。すごい熱意だ。何か持って帰らなければという執念を感じる。

その中で1つ気になる質問があった。

それは薄いピンクのスーツを着て、長い髪を後ろで束ねた女性だ。彼女は朝倉美代子といい、大手製薬メーカーのマーケティング部門を統括する立場らしい。

「多くの仕事を効率的にこなす究極の方法があれば教えてください」

ゆっくりとそしてはにかみながら友野に質問した。

友野は即答せず、他の受講者に向かってこう聞いた。

「この質問と同じ疑問を持っている方はいますか」

すると、４名が手を挙げた。


いい質問じゃないか……。なぜ４名しか手を挙げないのか。私も興味深々で聞いていた。

すると質問者の朝倉の斜め向かいに座る宮前が手を挙げて自分の考えを言った。

大柄で少し横暴さを感じさせる顔つきのその男性は、名簿によるとだれもが知っているインスタントラーメンの会社の広報を担当しているらしい。

「そんなものは存在しない。あるとすれば〝何をやって何をしないか〟だけじゃないですか」

その声には部屋の隅の私にもグサッと刺さる鋭さがあった。

朝倉は、その唐突な物言いに反発するように引きつりながら返した。

「ではご質問していいですか？　宮前さんは何をやって何をしないのですか」

宮前はまた立ち上がって友野に視線をふと送った後、朝倉に向かって言った。

「自分は1日にできる仕事は3つしかしません。それ以外はしなくてもいいんじゃないですか」

私は思った。そんなことできるのか？　溢れる仕事の中で3つだけしかしないなんて。

ところが友野は大きな拍手をしながらこう言った。

「大事なのはすべてをしようと思わないことです。例えばどんなことにも一生懸命なのは素敵ですが、それが成果に結びつくかというとそうではありません。おそらく宮前さんは力の入れ具合のお話をされたのでしょう」

友野はそう言って宮前に向かって拍手をした。


1日目が終わった。

私は受講生が書いたこのセミナールームへのアンケートの回収を始めた。しかし、まだ1人、がりがり書いている受講生がいる。先ほど質問した朝倉だ。

かなり丁寧に書いてくれている。ありがたいことだが、もうそろそろ退室してもらわないと困る。その様子を見た友野が朝倉に声をかけてくれた。

「朝倉さん　頑張りすぎだよ」

朝倉はハッと何か気づいたようだ。

「すみません、悪い癖です。記入欄があるとすべて埋めなくてはならないと思いまして。みなさんお帰りになったのに。……あの、途中ですけど、これでよろしいですか」

私は3分の2ほど書かれたアンケートを受け取ると、ノートをカバンに入れる間もなく退室した。


私は宮前と朝倉のアンケートを見て驚いた。朝倉がびっしり詰めるように書いているのに対して、宮前の回答にはたった4文字しか書かれていない。

「特になし」

私はノートにもう1行追加した。


「抜くところは抜く」

この仕事はどのような成果に結びつくのか？

「押さえどころを知る」

この言葉を私はすごく大切にしています。

そしてそれよりも大事な言葉が、

「やめどころを知る」

です。

私たちは何事にも頑張ってしまうすばらしい姿勢を持っています。

朝の1分間スピーチですばらしいスピーチをしなければならないですし、メールの文面の体裁も気になります。ファイルの整理も完璧にしたいです。

しかし、私たちが頑張っている多くのことが、波の強い砂浜に緻密に作られた砂の城なのかもしれません。つまり、頑張っても成果につながらない仕事に力を入れすぎているのです。

ここで使いたい言葉が**「とめどころを知る」**です。

頑張ればできるのにわざと頑張らないことです。これは悪く言えば手を抜いている、よく言えば要領を心得ているともいえます。

しかし、実は違います。重要でない仕事に手を抜くと「要領を得ている」でしょうし、ここぞという頑張りどころで頑張らないと「手を抜いている」になるのです。

私は「手を抜く」と「要領を心得ている」のどちらになっているかを考えておくことが必要だと思います。


では必要以上に頑張らなくてもいいところはどこでしょうか?

管理者の方であれば代表的な業務としてルーティンワークがあげられるでしょう。

逆に力を入れなくてはならないのは、決断や判断、そして計画や教育といった業務です。

これらは前項で紹介した「B象限」といわれる仕事です。

頑張らなくてもいい仕事は「とめどころを知る」と同時に「やめどころを知る」ことも大事です。本当にこの業務が必要なのかを見直すのです。

この方法をとっている方の思考の習慣は「**この仕事はどのような成果に結びつくのか?**」です。これで「押さえどころ」「とめどころ」「やめどころ」を知り、さらに実行することで結果に結びつくのです。


すぐにチャレンジ! 優先順位設定力を身につけよう

手を抜いていい仕事を1つ見つけ、その仕事は最低限のことだけをする。

5

やるべきことと やらなくてもいいことを見極めよう

無意識にできるようになれば「力」になる

片づけが終わって友野が声をかけてきた。

「お疲れ様。ノートはできたかい」

「はい、私なりにまとめてみました」

私は友野にノートを返した。

友野はうなずきながらノートに書かれている4行の行動を見た。

「いいね、観点がいい。ノートは君にあげるよ。どれか1つだけでも習慣にするといい」

「全部できますよ」

「それはいい。でもできるのとそれをパターン化するのは違うよ」

「継続ということですか」

「ああ、無意識にその行動が取れるようになれば力に変わる」

「力……」

「ああ、君がここに書いた行動はすべて『優先順位設定力』という力に関わるものだよ」

聞きなれない言葉だ。

「優先順位設定力ってどんな力ですか」

「単純に言えば、やるべきこととやらなくてよいことを見極める力かな」

私の今までの人生は、すべてやらなくよいものばかりのように見える。今日出席していた馬鹿正直に取り組んでいる受講者とはまったく違う。何を目標にしたらいいのか、この先自分がどうなるのかがわからない私が屑のように思えた。

「じゃあ、帰るね。お元気で」

友野は茶色い皮のバッグを持って扉を開けた。

「あ……友野さん」

私は友野を呼び止めた。

「私はやはりこの講義のアシスタントには不向きでしょうか」

友野はまた光る笑顔を見せて答えた。

「不向きだね。ただ、今日の行動を習慣化すれば、……見込みはあるかもね」

そしてエレベーターに向かった。

思考の習慣 2

「本当に その見方でいいのか」

問題発見力

なんのためにその仕事をするのか？

全体を知れば判断は変わる

私は友野という男を調べた。今はネットで検索すればいろいろな情報が出てくる。友野は私を久しぶりに怒らせ、そしてはっきりと否定した男だ。どんな奴でも弱みはある。この男の正体を知りたい、という好奇心がキーボードを叩かせた。

しかし、ほとんど情報が出ない。ただ、株式会社ゴールドウィンという会社の所属講師らしい。

友野自身の情報は出ないが、びっくりしたことがある。それはうちの会議室で行われているゴールドコースは総額１２０万円かかることだ。全10回のコースだが、それにしてもこれに個人で参加している奴らがいることは驚きだ。

あのコースのアシスタントでいれば、お金をもらえて何か身につけることができるかもしれない。私はそう思って、屋敷を通じて友野のアシスタントを願い出たところＯＫが出た。


当日は30分前には仕事が開始できる状態を整えた。

なんだか気持ちがいい。今までバタバタしてスタートしていたのが馬鹿らしい。

私が窓の外の空気を胸いっぱいに吸い込むように伸びをしていると、横に友野が現れた。

「どうだい。仕事の先回りをするって気持ちがいいだろう」

曇り空から光が差したかのような笑い方をした。


「じゃあ、今日の仕事を言うよ。君のノートに受講生のよい行動を書いてみてほしい」

友野は私の気持ちよさを吹き飛ばす指示を出した。馬鹿にしている。

「友野さん、差し出がましいですが、アシスタントとしての仕事をいただけませんか。私これでもアシスタントは自信があるのですが」

感情をできるだけ押し殺しながらも、怒りがふつふつと沸騰してくるのがわかる。その思いを悟ったかのように友野は静かに言った。

「アシスタントの仕事は、受講生や講師を観察して、ベストな状態で学べる場を作るものだよ。だから観察して、君がベストな行動を取るといい」

私は納得しないまま、友野の言うがままノートを手に取り、後方の机に向かった。

今日の講義もワーク形式だ。なにやらケースが示されて、それぞれがそのケースの主人公の立場でどのように解決するかを考えて、討議をする。

1つ目のワークは「主人公の置かれている環境分析、外部要因を探る」というテーマだ。私にはよくわからないが、物事を解決するには、背景や環境を理解するのが大事らしい。

ワークの内容を友野が告げ、ワークに入った。受講者は一斉にフォーマットに書き始める。

しかし、動かない受講生がいた。腕組みして考えているのは広報マンの宮前だ。そして手を挙げて友野に質問をした。

「このワークって意味があるんですかね。ここであえて外部環境を整理する必要があるのか教えてください」

全員の手が止まった。そしていくつかの場所で「確かにそうだね」と受講生が言い合っている。

友野はマイクを持ち受講生全員に語りかけた。

「このワークの目的は最後に言おうと思っていました。でも質問があがったのでお答えします。みなさんが目の前のことだけではなく、全体をどれだけ包括して判断しているかを再確認するために行っています。全体を知ると大きく判断が変わるはずです。目的は、その確認のためです」

宮前も切り返す。

「するとこのワークは、自分が取った行動が、全体を包括していたかどうかを後で再確認するためのものと考えたらいいですか」

「その通りです」

宮前は納得したかのように数回うなずき、ワークに入った。

逆に私は彼の質問に納得がいかなかった。なぜいちいち確認をするのか？　言われたことをただこなせばいいのに？　理解してから動くという行動が不可思議だったのだ。

その謎を解くべく私は休憩時間に質問をした。すると宮前はあたりまえのことを聞かれたかのように、不思議そうな表情で答えた。

「俺は意味のないことはしたくないからね。どんなことでも意味がある。理解しないと動かない、これが俺の考えだ」

意味を理解する。打ちのめされた。私は何も意味など気にしなかった。……これだ。

私はノートに書き込んだ。

「ワークの意味を質問する」

仕事の大義名分を考えよう

どんな仕事にも意味があります。意味のない仕事をするほどつらいものはありません。

ある大企業で、リストラ策の一環で、対象者を部屋に缶詰にして、「自分の就職先を探す」という業務を与えたことがありました。また今までアルバイトがやっていた単純作業を延々とやらせた会社もあります。ひどい仕打ちだと思います。

どんな仕事にも意味があり、それを行っている人にとっても意味がなければなりません。

しかし、実際に私の研修で受講者の方に仕事の棚卸をしてもらったところ、「意味がない仕事」が多く見つかりました。

・ただハンコを押すだけの仕事
・ただ参加する会議
・形骸化した作業

どうでしょう。あなたの仕事にはすべて意味がありますか?

このように仕事の意味を考える、つまり成果を上げる方は「大義名分」を考える習慣があります。大義名分とはその行動を起こす正しい理由のことです。

仕事のできる人は、**「なぜこの作業をするのだろう」**だとか**「どうしてこれをするのか」**などを自問自答することが習慣になっています。

大義名分を考えると、作業が効率化されますし、意味づけされますのでモチベーションも上がります。だからこそ行動も力強くなります。さらに周りを巻き込むこともできます。

クラウドファンディングをご存じでしょうか?

インターネット経由で、例えば「発展途上国に学校を作りたい」といったメッセージを発し、比較的少額の資金を募るなどの手法が代表的です。また「削りかすが虹色になる鉛筆」や「ミュージシャンのファーストアルバム」など、夢を叶えるための資金を募り、それを実現していくことができるのです。しかし、一方でまったく資金が集まらない企画も多くあります。人の共感を得るためには「大義名分」が必要です。資金が集まるものにはすべて「大義名分」があるのです。

すべての行動に意味づけをして「大義名分」を見つけてみてください。

すぐにチャレンジ！問題発見力を身につけよう

上司から出された指示に対し、その仕事の意味を聞いてみる。

2 課題と問題をはっきり区分けする

答えのレベルが違う。なぜだ？

今日の講義は受講者の多くが頭を抱えている。ケース中の企業の課題点を深く考える難しいワークのようだ。

私の元にもそのワークの内容があるのだが、そんなに難しいのか、理解に苦しんだ。

ある家具メーカーの製造現場で不良品が相次いだという内容だが、深く考えなくても問題点はすぐにわかる。

それは、Aという若い工員がミスを連発していることが問題だ。彼がすべての元凶だ。

私は自分のシートに「Aのミスが問題」と書き込んだ。


そして発表が始まった。グループは5つにわけられている。

最初のグループの発表を聞いて驚いた。

発表された内容は「教育システムの欠如」だった。なぜAのことに触れないのだろう。

次のグループは、「風通しの悪い職場風土」。……その後のグループも同じようにAに対して触れていない。私がワークの内容を聞き間違えたのか？

講義台に立った友野は発表を聞くたびに拍手をしつつ、鋭い質問を飛ばしている。

発表が終わると、友野は受講者に対して質問をした。

「今は私のほうで出したケースに対して課題を見つけていただきましたが、次はご自身の課題を教えてください」

私も自分に置き換えて課題を考えた。まず、喫緊の問題「安定した職がない」。あとはなんだろう？

友野から指名があった。「竹ノ内さん、あなたの課題は？」

竹ノ内はスッと立ち上がり、「判断を避ける自分です」と答えた。

また答えが違う。なんだろう「判断を避ける自分」って。

次に運送会社の社長の小島が当てられた。

「ビジョンの不明確さ」と答える。

私の「安定した職がない」という課題を引き出した質問とは、異なる質問が出されたかのように感じる。なぜだ？

私はノートに書き込んだ。

「深い問題が言える」

裏にある根本的な問題は何か？

「あなたの部署の課題は何か」

私がはじめてマネジャー職になった3か月後に上司から質問されました。

「業績が下降気味なこと」

と答えたところ、それは答えになっていないと突き返されました。

つまり、私が**「問題」**と**「課題」**を取り違えていたのです。

問題と課題の定義に明確なものはありません。ただ私は受講生にこのように説明しています。

問題は目の前で起きている事柄であり、**課題はその問題の背景にある中長期的なテーマ**です。

わかりやすく説明すると、例えば業績が悪化しているというのは問題で、課題は、業績が悪化している真の原因をさします。例えば「ブランド力の低下」だとか「戦略の不明確さ」など、すぐには解決できないテーマがあげられます。

私たちは仕事をしていてトラブルが起きると、そのトラブルを解決することに力を注ぎますが、課題を見つけることのできる方は、「問題と課題」を区分けして考えることができます。

問題と課題を区分けできる習慣を持つ方は「中長期的に取り組むテーマ」が明確であり、根っこの問題を片づけることができます。ですから、同じトラブルに振り回されることもなく、かつ、仕事の力の入れどころも重要なものに集中できます。

「自分の部署の課題、そして自分の課題はなにか？」と質問されて、とっさに答えることができる方は成果を上げやすいといえるのです。

すぐにチャレンジ！
問題発見力を身につけよう

自分（の部署）の課題をすぐに答えることができるようにする。

3

現状に満足しないで、さらに高い目標を持つ

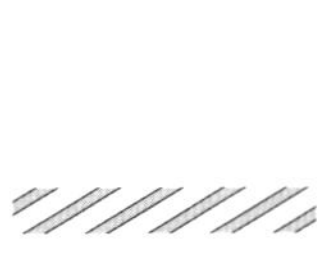

できる人の「まだまだだ」の真意

本日2度目のワークが始まった。今度は、自分の課題についての対処法を発表するというものだ。30分で模造紙にまとめる。

私は模造紙を配布した。これがはじめてのアシスタントとしての仕事だった。特に指示がなかったが、受講生が1人ひとり模造紙を取りに来るより、あらかじめ配布したほうが時間の節約になり、ワークの時間が増えるだろうと考えたのだ。

友野は私に親指を立ててグーマークを送ってくれた。とっさのことだったが、我ながらなかなかの判断だった。

30分でまとめるのは大変そうだったが、全員が時間内に終わった。

そして代表して小島雅彦が発表した。

「おおっ」と声を出してしまったくらいすごいと思った。貼り出された模造紙には、非常にわかりやすく表やグラフが入り、何よりプレゼンテーションがすばらしかった。相手を巻き込むように力強く、問いかけるような話し方。さすが経営者だな、そう感じた。

休憩に入った。ホワイトボードに貼っていた小島の模造紙を剥がす手伝いをした。

「小島さん　先ほどの発表すごくよかったです」

私はおべんちゃらではなく心から褒めたかった。

小島はどこか曇った表情で私にこう言った。

「あなたにはそう見えたかもしれないが、まだまだだね」

謙遜か……。でも本当に満足していないようだった。

私が不思議そうな顔をしていると、友野が声をかけてきた。

「『まだまだだ』と言うのはいい習慣だよ。謙遜ではなく、高い目標を持ち続けることができて、さらによくなる可能性があるからね」


友野の言葉に、私はまるで頭をハンマーで叩かれたように感じた。

私は「まだまだだ」と思ったことはない。いつでも「一杯一杯」、そして先ほどの模造紙の配布では「我ながらよくできた」と感じていた。

私とは逆じゃないか。

そうか……。できる人は自分の仕事に満足していないということか。

私はノートに書いた。


「十分できているのに『まだまだだ』と言う」

いつでも学ぶ姿勢を持っているか

「今日はどうでしたか？」

「いや、いまいちだったね。悪いけどよろしくね」

これは、ある講師の方が午前中を、そして私が午後を受け持つ研修の交代のときのやり取りです。私も早めに入り後ろで見ていましたが、非常にすばらしいお話をされていました。そうであるにもかかわらず、いまいちだとおっしゃるのですから、その方の「合格基準」に達していないのだな、と思います。

よく似た言葉に「謙遜」があります。謙遜はへりくだった行動で、控えめな姿勢をいいます。

しかし、この項目で説く習慣は、自分を卑下するのではなく、高いところに目標があり、それに届いていないことを悔しがるものです。

「まだまだです」とおっしゃる方の多くは、たとえ、当初の目標が達成できたとしても、さらに目標を上げようとする習慣があります。逆に「完璧だ」と満足される方は、自然と目標自体が落ちていることがあります。人は目標を目指して行動しますので、必然的に徐々に成果も変わってきます。

もちろんすべてのことに対して完璧を求めろと言っているのではありません。あなたにとって優先順位が高く重要なことには簡単に満足してほしくないのです。

仕事の成果は、その人の思っているゴールによって大きく左右されます。だからこそ**「まだできる」と思うのか「これが限界」と思うのか、**これは大きな差だと理解してほしいのです。

この習慣がある方は、改善のポイントを見つけることができるので、次回はさらにレベルが上がります。成長は止まりませんし、いつでも学ぶ姿勢を持っていることは周りからも「この人にお願いしたい」という信頼感を得ることになるのです。

ぜひ、「もっとできる自分」を信じて、より高いところを目指してほしいものです。

すぐにチャレンジ！
問題発見力を
身につけよう

自分の仕事に満足しない。もっとできるとイメージする。

4
「絶対」「確実」「100%」はない

それは1つの選択肢に過ぎない

友野の講義が終わった。

今日の講義は自己の課題を抽出し、その対処法を考えるものだった。かなり集中して行うワークだったので、受講生には疲労感が漂っている。

しかし、彼らのバイタリティはすごい。持って帰れるものはなんでも持って帰る、そんな貪欲さを感じる。講義が終わった友野を数名の受講者が取り囲んでいる。

システム会社に勤めている竹ノ内も友野に質問をして納得した顔で席に戻ってきた。

私は机の上を乾拭きしながら竹ノ内に声をかけた。

「お疲れ様です。何を質問されてきたのですか？」

竹ノ内は優しい目をしながら答えた。

「自分の課題を解決する方法を聞いてきました。的確な助言をいただきました」

「そうですか。それはよかったですね。じゃあ課題は解決しますね」

そう言ったところ、竹ノ内の目が鋭くなった。

「それは違います」

「え？ どういうことですか？ 先ほど助言をもらったと」

「ええ、助言はいただきましたが、それはあくまで方法の1つです。自分は世界に絶対は存在しないと思っています。いろいろな研修を受けてきましたが、答えを求めているわけではありません。自分の中の選択肢を広げているつもりなのです」

竹ノ内はショルダーバッグをかけて頭を下げながら退室していった。

ショックだった。自費で100万円以上の大金をつぎ込んで、彼は絶対に役立つものを学びに来ていると思っていたのに、ただの選択肢だなんて。ありえないと思いながらノートに書き込んだ。

「絶対的な方法はない」

この視点を持ついくつかのメリット

これで絶対大丈夫、とそのときに思っても、トラブルが起きることはよくあります。

例えば、私が以前働いていたスーパーでは、賞味期限切れの商品を販売したり、表示価格と違う金額をレジで頂いてしまったり、また品切れを起こしたりと、お客様に対して決してしてはいけないことがありました。

また、1週間ほどお店を閉めて売り場改装した際には、大勢の人間がオープンに向けて全力を尽くし、「完璧だ」と思っていたところ、価格が登録されていない商品が続出し、中にはシステムが動かずレジが作動しないなどの考えられないミスもありました。

「絶対」「確実」「100％」はないと思わないと、思わぬ失敗をするのです。

「絶対儲かる」「確実に成功する」「100％保証する」などの言葉は世の中にうようよし

ています。しかし、ご存じのように、多くの場合、現実はそうはいきません。

私も質問を受けますが、「部下を確実に指示どおりに動かす方法を教えてください」、このような質問には戸惑います。相手は人間ですから、確実に動かす方法なんて存在しません。

だからこそ、**絶対と言われるものにはリスクがあり、目の前の絶対と言われる方法は1つの選択肢である**と思うべきなのです。

確実なものはないと思う習慣を持つと、物事に対して端的に解決できる方法がないことを知ります。それを知ると、いくつかの方法を考えるようになり、その結果、抜けや漏れのない問題解決を行うことができます。また、確実という言葉に踊らされませんので、騙されにくくなります。


すぐにチャレンジ！

問題発見力を身につけよう

今まで絶対だと思っていたことを絶対ではないと思う。

「うちの会社は絶対に倒産しない」

↓「うちの会社も倒産しないわけではない」

「確実に処理しておきました」という部下の報告。

↓「抜けや漏れがあるかもしれない」

この視点で世界が変わる

あなたはただ目をつぶっていただけ

2回目の研修が終わった。

今回打ちのめされたのは、同じ質問に対しての受講者の回答と、自分の回答が決定的に違うことだ。それを友野にぶつけてみる。

「私は理解の仕方や考え方がおかしいのでしょうか？　どうもみなさんと違うのです」

控室にいる友野にお茶を出しながら質問した。

友野は私のノートを見ながらゆっくりと言った。

「理解や考え方は問題じゃないよ。問題なのは視点だよ」

「視点ですか？」

「ああ、君は今までトラブルが起きると、トラブルを見るレンズを通してしか物事を見ていなかったんじゃないかい。今日、見つけた習慣を読み上げてごらん」

「えっと1つ目は、『ワークの意味を質問する』」

「それは、〝何のためにするのか〟という問題発見力だね」

「2つ目は『深い問題が言える』」

「それは〝本当の根本的な問題は何か〟という視点」

「次に『十分できているのにまだまだだと言う』」

「それは〝新たに高い目標を設定し、新たな問題を作る〟視点だね」

「最後は『絶対的な方法はない』」

「物事のリスクを見抜く視点だね」

そうか、同じ質問や同じ状況を見て、取る行動が異なるのは、私にこのような問題発見の視点と言われるものが足りなかったのだ。

友野は私にそっと言った。

「この視点があれば、見える世界も変わるだろうし、これからの未来も大きく変わるよ」

「でも、私にこのような視点を身につけることができるでしょうか」

「その視点はすでにあるよ。今まで目をつぶっていただけだよ」

友野が言い残した言葉「目をつぶっていただけ」を頭の中で繰り返していた。目を開くと自分の見える世界が変わるのだろうか？

思考の習慣 3

「本当にこの方向で正しいのか」

問題分析力

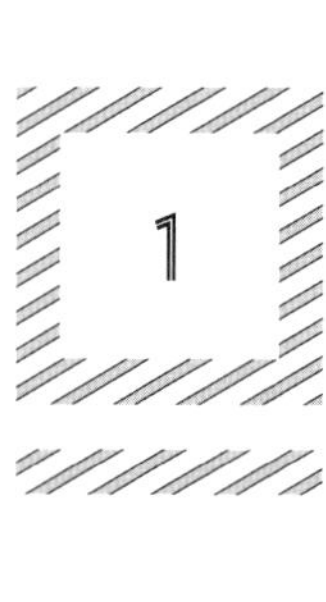

それに科学的な根拠があるか？

それは本当なのか？

今日の講義は、組織論のような話だった。

私はこの手の講義は嫌いだ。なんだか軍隊臭いからだ。指揮系統がどうだとか、チームビルディングがどうだとか、私には無縁の言葉が飛び交う。

しかし受講生は友野の講義を一言も漏らさないようにノートに書き込んでいる。すごい執念だ。何やら熱気を帯びてきたので、エアコンの温度を少し下げた。

友野が組織全体のモチベーションを上げる方法を解説している。

そのとき、質問が飛んだ。

「今先生がおっしゃった方法ですが、何か科学的な裏づけがあれば教えてください」

竹ノ内のキレのある声に受講生は静まりかえった。

他の多くの方も、友野が裏づけについてどのように答えるのか興味津々だ。

「ハーズバークの動機づけ・衛生理論があげられます。この理論をわかりやすく伝えると、仕事に対して満足な要因と不満足な要因を調査したときに、不満足な要因を解消しても満足な要因にならない。モチベーションを上げるには満足する要因に対してアプローチをしないとならない――という結果になっています」

そう言っていくつかのグラフを見せた。

なるほど、こんな研究が行われたのか。これを見ると、確かにモチベーションを上げるには、不満足な要因の解消が一番の方法でないのがわかる。

でも、何か裏づけがあるかって先生に聞くのは失礼ではないか？　休憩中に友野にぶつけてみた。友野は首を振りながら答えた。

「違うと思うよ。科学的な裏づけを求めるのは、失敗しないよい習慣だよ」

私はそのときにビクンときた。そうか、私は今までもっともらしい方法を聞いたときにすぐに「よさそうだ」と思っていたが、それが本当かという意識はまったくなかった。裏づけを取るという行動はよい習慣なのだ。

私はノートに書き込んだ。

「裏づけを取る習慣」

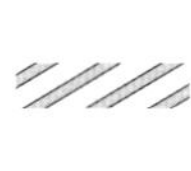

判断の精度が高まり、成果が上がる

ビジネス書を読んでいると、「〇〇と言われている」などの表現がよく使われています。読者としては「そうなのか」と納得してしまうのですが、実は著者や編集者は神経質になるほど裏づけを大事にしています。実際に裏づけを取ると、案外科学的な裏づけがない「それらしい」言い伝えが多いことに気がつきます。

部下からの報告を聞く際にも「ネットを検索するとこのようなことでした」という発言には明確な裏づけを求めます。ネットで流れている情報が悪いのではなく、情報のソースがどうなのか、そしていつの情報なのかで大きく質が変わるからです。

裏づけを取る習慣は、判断の精度を上げます。

例えば私の前職時代にスーパーでは、ある商品が突然バカ売れすることがありました。

ＴＶに取り上げられた食品です。

「にがり」「シナモン」「ココア」

特にめったに使われない食品が取り上げられたときには、お客様からの問い合わせが殺到しました。

しかし、多くの場合はこれらは「体によいと言われる」だとか「番組内で紹介された」などのレベルであり、科学的な根拠がないことから社会問題にまでなりました。


一方で科学的な裏づけがある手法を使えば、多くの成果が上がることがあります。

またスーパーのお話になりますが、店長を指導したときのことです。

ある店長は支店の売り場を「この売り方が売れるのだ」と自分の経験則や情熱で語りましたが、一方の店長は科学的な根拠を持って売り場を作っていました。

販売を科学的に説いた「ＩＳＭ（インストア・マーチャンダイジング）」と呼ばれる理論があり、その根拠を元に売り場を作ったほうが安定した売り上げが確保できるのです。


科学的に証明された裏づけを求める行動は、自分の取るべき行動の担保だけではなく、自分の思い込みなどを防ぐよい習慣なのです。

すぐにチャレンジ！
問題分析力を
身につけよう

あたりまえだと思っている経験則の科学的な裏づけを取ろう。

2

考えるための「第三の場所」を持とう

どこで自分のモチベーションを上げるか

友野は部下や周りのモチベーションを上げるためには、自分自身のモチベーションを上げる必要があると説き、受講生全員に「自分のモチベーションを上げるための方法」を考えてグループで共有するように指示をした。

モチベーションを上げるには、自分をほめてくれる人と会うことだ。しかし、現在はそんな人はいない。だからモチベーションも上がらないのだろう。私がそんなことを考えていると、目の前のグループの話が飛び込んできた。

「どこでモチベーションを上げるのか」

というテーマになっているようだ。

職場でモチベーションを上げるしかない、自宅では仕事のことは考えたくない。私はそう思いながら、目の前のグループがホワイトボードに書いていくことを眺めていた。

すると驚いた。書かれている場所が「会社」「自宅」以外なのだ。

カフェ、図書館、バー……。

これはなぜなのかわからない。仕事が終われば家に戻り、そして会社に行く、という会社員時代の私の生活にはなかった場所が書かれている。

この人たちは忙しいのにそんなところで思索にふけっているというのか……。

私はノートに書き込んだ。

「会社・自宅以外の場所で思索にふける」

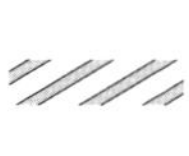

職場でも家庭でもない「サードプレイス」がいい

1人だけの快適な空間はどこでしょうか？　職場でしょうか？　家庭でしょうか？

実は「サードプレイス」と呼ばれる第三の場所で過ごす習慣を持つ方がいらっしゃいます。

ポイントは1人で自省できる空間であること。ここでだれにも邪魔されず気持ちを落ち着かせ、自分を振り返るという習慣を持つ方が多いのです。

もちろん家庭でも職場でも、1人で自分を分析できる時間が持てれば問題ありません。

カフェで今日の出来事を振り返り、自省したり、モチベーションを保つ方法を考えることで、経験を知識に変えて、自らをさらに向上させることができるのです。

また時間を取って**自問自答する習慣**も大事です。自分に対して質問することは、自分をコントロールすることでもあります。なぜなら、自問自答することは、自身を客観的に見つめ直す機会であり、自分自身の中でまとまり切れない感情を、制御したり、結論づけたりすることだからです。
ぜひ、自分自身の時間を確保する第三の場所を見つけてみてください。

すぐにチャレンジ！
問題分析力を身につけよう

職場と家庭とは違う第三の場所を見つけ、そこで自問自答を行う。

3

本来の目的はなんだったか？

本当にこの方向でいいの？

友野の指示したワークは続いた。
自分のモチベーションのコントロール方法を討議して発表するのだ。
各グループで顔を突き合わせての熱い討論が続いている。
目の前のグループでは朝倉美代子が心配そうな顔をして、討議には参加していない。

向かいに座っている宮前がそれに気づき、声をかける。

「朝倉さん、どうしたの？」

「ええ、あの、杞憂かもしれないのだけど、これがワークの目的に本当に合っているのか、少し不安で……」

その意見に4名のメンバーはホワイトボードを見つめて考えた。

「では目的を再確認しよう。このワークの目的は？」

小島が茫然とした表情のまま質問する。

宮前が答えた。

「個人のセルフコントロールの共通点じゃないの」

朝倉は得心のいかない表情で言った。

「すみません、少し違うような気がします。先生に確認したほうがいいのではないでしょうか」

「よし、じゃあ、僕が聞いてくる」

そう言うと宮前は教壇に向かった。

そうか、みんなが向いている方向が必ずしも正解じゃないのだな。本当にこの方向で合っているのか確認する習慣も大事だ。
私はノートに書いた。

「進んでいる議論の方向が正しいのか確認する」

進めている方向をつねに確認しよう

会議などで議論に熱が帯びてくると、ついつい道筋がそれてしまい、本来すべき議論ではなくなることがあります。そんなときに、ふと立ち返り、それを確認する方がいます。

進んでいる方向性が正しいかを確認する習慣は、集団を間違いのない方向に導くだけではなく、個人としても成果が上がる傾向があります。

インバスケットのテストの中でも、高得点を取られる方は、目の前のトラブルや問題にがむしゃらに取り組むのではなく、全体の方向性を確認してから取りかかります。

そして自分の進めている方向が正しいかを、相談したり助言を求めることで、つねに確認しながら進めています。

私も慣れない都内で取引先に向かうとき、数回うかがった場所なら覚えている道を歩きます。しかし、うろ覚えの記憶は大きな間違いを犯すことがあります。

人は慌てると根拠のない判断を信じてしまいます。

「きっとこっちだ」

そして、さらに傷を深くしてしまい、正反対に進んでいることもあるのです。

流れの中にいると、その流れが正しいと思い込んでしまいますが、ふと立ち止まり、目標や現在位置を確認するなどの習慣があれば、正しい方向に軌道修正しやすくロスも少なくなるのです。

つまりこの習慣を持っている人は、つねに本来の目的に対する道筋を確認するため、効率の悪いプロセスを削除することや、チーム全体が迷走したときに軌道修正することができます。

すぐにチャレンジ！ 問題分析力を身につけよう

会議などで何が目的かを定期的に確認する。

大事なことは必ず自分で確認する

念のため自分で調べ直すことも必要

グループワークも佳境に入ってきた。討議の声がルームBの壁にこだましている。

宮前は上着を脱ぎ、腕まくりを始めた。友野にワークの方向性を確認したあと、一気にゴールに近づいたようだ。

「ここまでで具体策はまとまった。でもこの具体策が有効であるという裏づけが足りない」

宮前がメンバーに言った。

竹ノ内が発言する。

「自分たちの具体策はあくまで『やる気がある人』を対象としているじゃないですか？ でも、確かマクレガーの理論……だったかな。これによると、そもそも人間は生まれつき怠け者であるという説もありますよね。だからこの理論に基づいて、モチベーションにも管理が必要であるという流れでいかがですか」

朝倉は頬を紅潮させて拍手した。

「すごい、さすが竹ノ内さん。たしかX理論とか……、ネットで調べてみますね」

竹ノ内は頭が回る。噂によると携帯のタクシー配車アプリ「STOP CAB」を開発したのも彼らしい。

朝倉はスマホで調べていたが難しい顔をして言った。

「難しいことばかり書いているので少しわかりにくいのだけど、竹ノ内さんのおっしゃることはマクレガーのX理論ね」

宮前はそれを聞いてホワイトボードに根拠として書き込んだ。

そのときに竹ノ内の眼鏡が青く光った。スマートフォンでマクレガーの理論を調べているのだ。そして、表情を和らげて言った。

「……うん、そうだ。X理論は、人は本来怠け者であるということですね」

「あら、いやだ。私の言うことを信じていらっしゃらなかったの」

朝倉は笑いながら言った。

「あ、自分まずいことしましたか？　すみません。念のためですよ」

竹ノ内が返すと、朝倉は微笑みながら言った。

「でも大事ですよね。ここが間違っていたら発表も台無しですからね」

他人が調べてくれているのに自分で調べ直す行動は失礼じゃないかと思った。

しかし、これは大事な習慣なのかもしれない。

私はノートに書き込んだ。

「大事な部分は自分自身の目で確認する」

五感を使って「潜在情報」をつかむすごい意義

「社長がお越しになった」、その連絡を聞いて座っていた椅子から転げ落ちそうになりました。前職の売り場責任者をしていたときの話です。

まったく予定に入っていなかったので不意を突かれて、私は売場の整理を始めました。

社長は売場を「うんうん」と言いながら見られて、いくつかの指摘をくださり、帰っていかれました。

なぜ突然来られたのか？　当時の私は「いつ行ってもきれいな売り場にしておけ」というメッセージなのか、それとも、一種の威嚇なのか、と考えました。
しかし今、自分が社長になってわかるのは、きっと、「実際の現場を見たかった」のだろうということです。

トップになると現場から遠い場所にいることが多く、理解のためには部下からの報告などから現場を想像しなければなりません。また上がってくる報告は「よい報告」が多く、「悪い報告」は上がりにくいものです。

ですから、経営判断する際には自分自身の目で、そして耳で、つまり五感を使って確認することが大事なのです。これを「**潜在情報を取る習慣**」と言います。
潜在情報とは、見えにくい情報のことで、自分から確認することでわかる情報のことです。それに対して**顕在情報**とは、すでに出回っている情報のことです。部下の報告や噂、ネットなどの情報がそれに当たります。

重要な判断をする際には、自分自身で確認をすることが大事です。この習慣がついている人は、噂を信じませんし、それに伴う間違った判断をしません。

またいつも自分自身で確認しているので、判断にも自信がつくメリットがあります。

あなた自身で確認したほうがいいこと、他人に確認したほうがいいことを区分けすることから始めてください。


すぐにチャレンジ！

問題分析力を身につけよう

天気予報は必ず自分で見るなど、自分自身で確認する習慣をつける。

5 「これでいいのか」とつねに自分に問おう

なんのために私はこれをやっているの？

今日の発表は各グループ熱く討議しただけに、発表時間をオーバーするほどの内容だった。私が腕組みしながら感心していると、

「私が求めているものはそんな浅いものではない。次回までに各自、もっと深堀りしておくように」

友野の鋭く冷たい一言に、会場は水をかけられたかのように静まった。

友野はいつもそうだ。どこが悪かったのかの指摘をしない。私はそれがもやもやしている。いや私だけではない。受講者の多くもフラストレーションがたまっているようだ。


講義終了後、友野はニコニコして私に寄ってきた。先ほどの形相とはまったくの別人のようだ。

「どうだい、今日はよい行動が学べたかい」

私は友野に少なからず懐疑心を持っている。この人はなんのために私にこのような行動をさせるのだろう。そして何を目指しているのだろう。勇気を出して聞いてみた。

「あの……。私、わからなくなってきたのですが、なんのために私はアシスタントをしながらこのノートを書いているのでしょうか」

友野は私の書いたノートを見ていたが、鋭い目をこちらに向けて言った。

「なんのため？　……それが目的だよ」

「へ？」

「君はしっかり学んだということ。それは問題分析力だよ。ここに書いている習慣と同じだ」

そう言うと私の書いたノートの3行目を指さした。

・進んでいる議論の方向が正しいのか確認する

「君はね、自分が今している行動が正しいのか、そしてどこに向かっているのかを確認しているだろう。『仮説を考えて、その裏づけを取る』というのは、できる人に共通している習慣なんだ」

「問題分析力……」

「その他の行動もそうだよ。『大事な部分は自分自身の目で確認する』も『会社・自宅以外の場所で思索にふける』も問題分析力だね」

「そうなんですか」

「気づいたかい？　はじめて会ったときには、君は自分が向かう方向に対しても、今の自分に対してもそのような仮説は持っていなかっただろう。でも今、自分がどこに向かっているのかを考えている。だからすごい習慣が身についたんだよ」

確かにそうだった。自分がどこに向かうかなんてことも考えていなかったし、今の自分はどうなのかを振り返ることもなかった。

「私はどこに向かっているのでしょうか？」

こんな質問をされても困るだろうな、と思いながらも尋ねた。

「それを確認するために僕のアシスタントをしてくれているんだろう。最終回までには答えがわかると思うよ」

私はまた友野のからかうような答えのない答えに翻弄されてしまった。

思考の習慣 4

「このやり方のままで大丈夫か」

創造力

煮詰まったらゼロベースで考えよう

ゼロから考え直すことに賛同した理由

この日、ルームBに入る受講者の顔つきはみな、険しいものだった。前回の友野の喝が効いたのだろう。会場が引き締まった感じがした。友野がなぜあれだけ厳しい言葉をかけたのか真意はわからない。でも少なくとも、少し中だるみ感があった雰囲気は一掃された。

今日の講義は前回の発表の手直しから始まった。

私の目の前では各自が考えてきた発表シートの原案がホワイトボードに貼られて、それについて討議をしていた。しかし、討議が進むうちに、深みにはまるように出口が見えなくなっているのは、少し離れている私からもわかった。

メンバーのイライラ感はピークに近づいた。宮前の机を指でコツコツ叩く癖も早くなっている。

そのときに、竹ノ内が切り出した。

「このままじゃ答えが出ません。一度ゼロから考え直しませんか？　これ消していいですか？」

そう言うとびっしり書き込まれたホワイトボードの前に立ち、イレイザーを手に握った。

私はびっくりして立ち上がりそうになった。しかし、メンバーに反対はなく、全員一致で今までの成果であるホワイトボードがきれいに消された。

驚くのはそれからである。

まるでもつれた紐が解かれたように、きれいに討議がつながってきた。議論の骨格がしっかりとするだけではなく、別の方面からの意見も活発に出て、制限時間内に発表用のホワイトボードが完成しつつあった。

どうしてだろう。今まであれだけ時間をかけて討議したのは意味がなかったのか……。

休憩時間に声をかけて聞いてみた。宮前と竹ノ内が残っていた。

「どうして今までの討議をすべて消しちゃったんですか？　あれだけみなさん頑張って討議されたのに」

竹ノ内は、私の質問にうなずきながら答えた。

「あのような混沌とした状態のときはリセットするべきだと自分は考えただけです」

宮前も竹ノ内に続いて答えた。

「紐が絡まって、さらに引っ張ったらとんでもないことなるっしょ。あれと一緒。あのときはみんなの頭の中で、今までの討議の内容がベースになっていたので、行き詰まるだけじゃないですか？　竹ノ内さんにあのときゼロにしてもらわなかったら、おそらくそこからは一歩も進まなかったと思うよ」

なるほど、確かにリセットする前は「以前はこのような発言をされたのに……」などの、水掛け論的なやりとりもあった。がんじがらめになったときは一度ゼロにする、これはいい習慣だ。

ノートに記入をした。


「がんじがらめになったときは一度ゼロにする」

今までかけた時間や労力を惜しまない

ゼロベースで考えることの必要性を感じない方もいるでしょう。

今さらゼロから考える？　そんなこと意味あるの？

実は私もこのような観念にとらわれることがあります。

例えば、本を書く際にも、30冊ほども書くと、自分なりの書き方が身についてしまいます。そのことは本を書く際のスピードアップにつながりますから、ゼロから考えることより効率的です。しかし、一方でマンネリ化したり、読者さんの求めるものから離れた我流になりがちです。だから、つねに今までの本は頭から消し去り、ゼロから考えて、書くようにしています。

ゼロベースで考えるにはコツが要ります。

まず、**固定観念を捨て去る**ことです。「こうであるべきだ」「今までは……」このような考えは捨て去りましょう。

次に**今までにかけた時間やパワーも捨て去る**考えを持ちましょう。

元々ある枠組み（入れ物）に無理に入れようとするから入らないのです。一度中に入っているものをすべてざーっとひっくり返し、もう一度入れ直すほうがいいのです。

たとえ2時間かけて組み立ててきたものでも、うまく入らないのであれば、一度リセットします。

もちろん、今までの労力や時間は無駄になるかもしれません。しかし、2時間かけて頑張ったその労力がもったいないからといって、さらに2時間かけても結果が伴わなければ無駄が多くなる一方です。

これらの「さらに頑張っても戻ってこないコスト」を**埋没コスト**と呼びます。

ゼロベースで考える習慣を持つ人は、自分だけではなく組織や周囲にも大きな変革をもたらすことができます。今までの観念や埋没コストに邪魔されることなく、まっさらなキャンバスに絵を描くような斬新な発想や、一番効率のよい仕組みを作ることができるからです。

すぐにチャレンジ！創造力を身につけよう

アイデアがなかったら原点に戻る。すべて白紙で考える。

2

フォーマットはここから打ち破る

方法はなんでもありなのか？

グループワークが再開された。ホワイトボードに書かれた内容が清書されて、発表用にまとめられ始めた。カラフルになったホワイトボードを見ながら、私だったらただの考えの羅列に終わっただろうな、と感じていた。


すると、１人の受講生が私の元にやってきた。

「すみません、両面テープはありますか」

用意がなかったので、何に使うのかを聞くと、彼は真剣な顔で答えた。

「これを貼りたいんですよね」

そう言うと、女性が笑っている顔の画像のプリントを私に見せた。

「え、いや、でもそれは貼っていいかどうか、私のほうではなんとも」

「大丈夫でしょ。他のグループでも同じようにしていますよ。ほら」

彼が指さす方向を見ると、隣のグループは、ホワイトボードで足らなかったのか、下に画用紙のようなものを貼りつけて追加で書いている。

おいおい、勝手にそんな……。ホワイトボード内で収めるのが普通だろ。一応これは講師に報告しておくべきか？　私は友野に言った。しかし、返ってきたのは意外な言葉だった。

「OKだよ。どうして？」

どうして？　って……。ひょっとして、私の方がおかしいのか。なんでもありなんだな。

理解できないながらも、ノートに書き込んだ。


「ホワイトボードをはみ出して記入する」

枠組みにとらわれない発想力が成果を生む

いままで1万2000名以上の方のインバスケットの回答を見てきました。
私は受験者の回答を見るのが大好きです。人それぞれの回答があるからです。

案件に対してどのようなメールで指示を出すのかを、所定の回答欄に書くのが一般的な方式です。しかし、欄からはみ出して書いている方も、回答用紙の裏に「続く」として書いている人もいらっしゃいます。時にはイラストが描かれていることもあります。

そのような回答を見るたびに、枠組みにとらわれない発想力があるのだなあ、と驚きます。ちなみに、回答の書き方はインバスケットの評価項目にはなりません。

中には暗号で書かれていたり、一部分を英語で書かれていたりと困った回答もあるにはあるのですが、個人的には定例文が並んでいる味気ないものより、その人のキャラクターが出ていてよいと思います。

このときむしろ困るのは、フォーマットがないと何もできない人です。

フォーマットは便利です。その通りに埋めていけばいいのですから。しかし大事なことが忘れ去られます。それは手段が目的になりやすいということです。大事なのは自分の伝えたいことを相手に伝えることです。フォーマットの入力欄を埋めることではありません。

自分の伝えたいことを伝えるためには、たとえフォーマットがあってもその通りにしないことも必要です。自分の本当の目的を遂行するためには、**時にはマニュアルを破る**ことも必要です。難しい判断かもしれませんが、それができるのがリーダーなのです。

このようにフォーマットを打ち破る習慣を持っている方は、柔軟な対応をし、本来の目的を達成することができるのです。

メールでの定型文章を自分風にアレンジしてみる。

3

「付加価値」が期待を上回る結果をもたらす

できる人は求められている以上のことをする

発表直前までホワイトボードにはメンバーが張りついて、書き直したり、追加したりしていた。そしてついに発表が始まった。

講師席に近いグループから始まり、私の目の前のグループは最後だった。

さすがエリートが集まっているだけあり、内容はもちろん、プレゼンテーションも上手だ。発表が終わるたびに拍手が部屋全体に響き渡り、次のグループに移る。

私は彼らの発表を聞きながら、何か共通したものがあるな、と思っていた。

求められているのは「最高のモチベーションの上げ方」であるが、どのグループもそれだけではなく、上げた後の継続の方法や、「横展開」の方法、評価の方法など、お題にないことを中心に発表している。

3グループの発表が終わったところでいったん休憩が入る。そのときに、私は宮前に尋ねてみた。

「どうしてみなさん、決められたテーマ以外の部分を強調して発表しているんですか」

宮前はきょとんとした顔で答えた。

「え？　だって、与えられたテーマを発表するのはあたりまえでしょ。だからだよ」

「それ以外も発表しなければならないということですか」

「じゃないと意味ないじゃん」

私はまた頭を叩かれたような衝撃を受けた。与えられたテーマをこなしてあたりまえ、できる人はそれ以上をするということか。

ノートに書き込んだ。

「与えられたテーマ以上の発表を行う」

仕事をやり遂げるのはあたりまえ

前職で会社員をしていたころのお話です。

部長の補佐役として仕事をしていたときの業務に、部長が上層部との会議で発表する資料の作成がありました。

補佐役は3名いて、それぞれが自部門の資料を作成していました。

ところが部長がやってきて、私に来週から別部門の資料も作成してほしいと言われました。

私は抗議しました。自部門だけの資料でも大変なのに、どうして他部門の資料まで作らないとならないのか?

すると部長は笑いながらこう言いました。

「君の作る資料は、マーカーとか付箋とかついていて発表しやすいから」

私は指示された資料を作成しました。ここまでは他の補佐役と同じです。

ただ、〝ここは上層部から質問されるだろうな〟と思ったところには付箋で補足を書いたり、〝ここを発表してほしい〟と思ったところはマーカーを塗っていました。

それほど労力もかかりませんし、資料を有効に使ってほしいと思って行った行動が、他の補佐役よりも評価をいただいたのです（仕事が増えた結果になりましたが）。

作業は指示された行動をすることであり、仕事は作業に加えてどれだけ付加価値をつけるかで決まります。付加価値を意識する方の場合は、与えられた業務だけをこなすのは苦手で、何か色をつけたい衝動を持っていることが多いのです。

例えば大切な方にプレゼントを選ぶときも、付加価値を気にします。「限定品」だとか「さりげなくほしいと言ったもの」、また渡す場所なども付加価値になります。

付加価値を気にする習慣をつけるためには、まず、高い目標を持つことです。

自分の合格ラインが「与えられた業務を遂行すること」であるとすると、「与えられた業務を遂行することはあたりまえ」ととらえることから始めます。
この考えがしっくりこない方は、こう考えてください。

どうすれば相手が喜んでくれるか？

相手は望んだ通りの結果が出るよりも、期待を上回る結果が出るほうを喜びます。それを目指すと自然と「付加価値」を考えるようになるのです。

付加価値をつける習慣がある方は、周りからの評価が上がります。他の方にはない特長や魅力が備わるからです。評価や期待が集まれば、さらにチャンスが巡ってきます。

すぐにチャレンジ！創造力を身につけよう

どうすれば褒められるかを考える。
プラス１を考えて、今までより１つ手を加える。

4

「A案B案を作る」さまざまな効果

1つの方法でOKにしないのはなぜか？

全グループの発表が終わった。友野からよい点1つと改善点2つが各グループにフィードバックされた。完璧な発表に見えたが、確かに討議の隙間をついた友野の指摘は鋭かった。

そして次の課題が与えられた。
まったくやる気のない部下がいるという設定で、彼に対してどのようにモチベーションアップをしていくか、具体策を考えるワークだった。

やる気を出さない部下か……。私にそっくりだ。入社5年目、仕事に楽しさを覚えない、反抗的……。まさか私をモデルにしたものか。そう思わずにはいられなかった。
結局私はダメ社員のモデルなのか。はじめは気になる程度だったが、考えれば考えるほど馬鹿にされているようで徐々に友野に対して怒りが湧いてきた。

私がモデルなら、それでいい。私が燃え盛るモチベーションを持つようになる発表をしてもらおうじゃないか。そう思うと私が判定者であるように感じ、ホワイトボードに書き込まれる内容が待ち遠しくなった。私の前の第4班では1つの結論に至ったようだ。

「コーチング手法でモチベーションをアップする」

私は正直がっかりした。コーチングなんかで私のモチベーションが上がるものか。何か自分のやりたいものが潜在的にあればまだしも、私の心の中は絶望に近いものだったからだ。何を引き出すというのか？　私は冷めた気持ちで眺めていた。


そのときグループでは別の討議が始まった。

結論が出たのに、またどうして討議をしているのか？　その理由は10分後にわかった。もう1つの案を考えていたのだ。


「厳しく叱る。そのことによって甘えを吹き飛ばし、現状を把握させる」

ホワイトボードにはこう書かれていた。

私は目をつぶって考えた。今の私に足りないのはこの方法を試してくれる人かも……。


それにしてもどうして2つの案を考えるのか？

そうか、先の方法がダメなら、この方法を試すわけか。そうだよね。1つの方法だけでは失敗すると終わりだものな。

ノートに書き込んだ。

「2つ案を考える」

この習慣で仕事の結果が驚くほど変わる

トラブルに遭遇したときや、現状を打開する際には対策を作らなければなりません。

1つの対策では万全ではないので、**仕事のできる人は対策を必ず複数用意します。**万全ではないという理由は、リカバリー策がないこと。そして、比較ができないことです。

2つ対策を作ると比較できるのに加えて、2つの対策のよいところを混ぜれば、さらによい案が作れます。

例えば、職場から出張に向かったときに、空港に到着する直前に携帯電話を忘れたことに気づいたとします。あなたならどのような対策を考えますか？

もちろん正解はないのですが、2つの対策を考えているかどうかを確認してほしいのです。

例えば、飛行機の便を1つ遅らせて取りに戻るという方法もあるでしょう。職場の同僚に出張先に送ってもらうこともできるでしょう。

このように2つを比べて**「どちらが効果的か」**や**「どちらが実現性があるか」**を考えるプロセスが、この習慣を持っている人にはあります。

ですから、思いつきを実行して失敗する確率も少ないのです。またより有効な対策を考えることができるので、障害が発生してもダメージを最低限に抑えることができます。

また、A案とB案を考える習慣がある人は、自分の考えを実現させる確率も高い傾向にあります。それは上司に提案する際に特に発揮されます。

例えばアイデアを提案するときに、1つのアイデアを持って行くよりも、複数のアイデアを持って行くほうが採用されやすいのです。比較ができるからです。

みなさんも、ランチを取る際に「今日の定食」とサンプルが1つ出ているより、「A定食」「B定食」と2種出ているほうが決めやすくないですか? それも比較ができるからなのです。

多くの人は判断に慎重です。1つの選択肢を前に出されても、「本当に大丈夫か」と思うのです。そこに比較するものがあれば、決めやすくなります。
対策をいつも複数考える習慣は、仕事の結果も変えるほどの効果があります。

すぐにチャレンジ！　創造力を身につけよう

対策は2つ考える。
その際に正反対の対策を考えて比較をしてみる。

5
流行に敏感であれ

新商品は消費者のニーズで生まれる

ダメ社員であった私に一番効くのは叱られることかもしれない。
私は今まで叱られたという記憶がない。みんな腫れ物に触るかのように私に接する。そのうちにだれも近づかなくなる。この繰り返しだ。どこが悪くて何がよくできているのか？　だれもそこに触れないし、あいまいにしている。心の中では叱ってくれる人を望んでいるのに……。

私がうわの空でぼーっとしていると、運送会社社長の小島が話しかけてきた。まずい。いつの間にか休憩に入っている。

「これは、新モデルだね」

そう言うと、私のスマートフォンを指さしてきた。

私のスマホは従来の縦型ではなく先月発売された横型のモデルだ。まだ使いこなせていないが、カメラ機能が重視されており、私はこれを選んだ。実のところは、新モデルを持つことで空虚な心を埋めることができるからだ。

「ええ、よくご存じですね」

「実はこの前販売店で見てね。いいな、と思ったんだ」

「買い替えないのですか」

「ああ、まだ分割払いが終わってなくてね」

「小島さんも新しい機種が好きなんですね」

小島は頭を掻きながら言った。

「新しいモノはすばらしいよ。アイデアが詰まっているし、そこからヒントがもらえるからね」

「でも新しいものはリスクもありますよ。実際、この機種も使えないアプリがあるし」

「そこは大事だね。ただそこもいいと思うんだ。リスクがあるけど、だれよりも早く新商品を使えるってすばらしいと思わない？　それに……」

　はい、と私が答えを促すと小島はこのように言った。

「新商品は消費者のニーズで生まれているから、今の消費者動向が一番敏感にわかるよ。あと、雑誌の特集や百貨店のフェアなんかも最高だね」

　なるほど、アンテナを高くするだけではなく、自分から新商品に興味を示すことが、世間に敏感になることなんだ。

　私はノートに記入した。


「新商品に興味を示す」

自分の枠組みを壊すちょっとした方法

　洋服屋さんに行くとバーゲン真っ盛り。ワゴンに積まれた商品を多くの方がこぞって選

んでいます。

お店側としては、商品を半額などで売りたくはないものの、新作を並べるスペースを確保するためにも今ある商品を売らなければならないのでしょう。


ちなみにみなさんは、新商品に対してどのような興味の持ち方をされるでしょうか？　発売を待って買いますか？　それとも値下がりしてから買いますか？


左の図は商品が発売されてからの時系列の購入者割合と売上高のグラフです。

イノベーターと呼ばれる方は、リスクを顧みず新しいものに挑戦します。次の初期採用者は、流行に敏感でオピニオンリーダーとして周りの方に影響力を及ぼします。前期追随者は新しいものには比較的慎重なタイプです。そして後期追随者は新しいものには懐疑的で、遅滞者は流行には関心が薄く、流行が一般化されるまで動かない、また、一般化されても旧態依然として関心を示さないタイプです。

これはあくまで目安ですが、新商品を買う買わないというより、新しいものを受け入れることができる尺度として捉えると面白いでしょう。

ちなみに本書のこの項目で語る、**「新商品に興味を示す習慣」**を持っている方はイノ

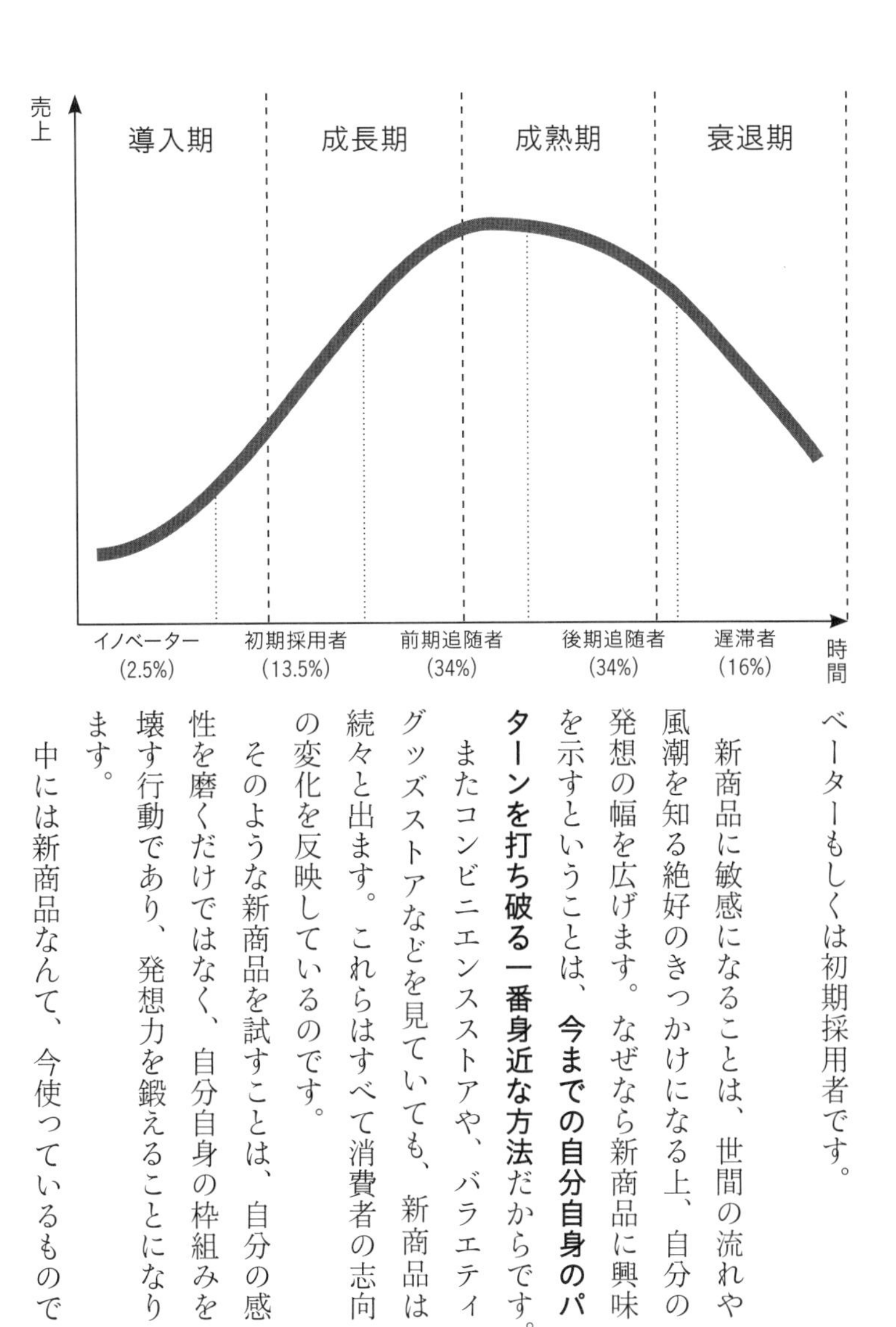

ベーターもしくは初期採用者です。

新商品に敏感になることは、世間の流れや風潮を知る絶好のきっかけになる上、自分の発想の幅を広げます。なぜなら新商品に興味を示すということは、**今までの自分自身のパターンを打ち破る一番身近な方法**だからです。

またコンビニエンスストアや、バラエティグッズストアなどを見ていても、新商品は続々と出ます。これらはすべて消費者の志向の変化を反映しているのです。

そのような新商品を試すことは、自分の感性を磨くだけではなく、自分自身の枠組みを壊す行動であり、発想力を鍛えることになります。

中には新商品なんて、今使っているもので

十分とおっしゃる方もいるでしょう。

私自身も電子マネーは最近使いだしました。現金とクレジットカードで十分だ、と思っていたからです。しかし使ってみると便利ですし、ポイントは貯まりますし、何より小銭が財布に貯まりません。使ってみなければわからないものがあるのですね。

このように新商品に敏感になるということは、既存のモノが一番よいという概念を変えることになり、ビジネスにも生活にも変化をもたらすことになるのです。

お菓子、飲料、雑誌……、と
コンビニは発想力を広げる絶好の場所。
新発売商品を毎週チェックする。

6
今手に入れたいのは、激変の中でも生き残れる力

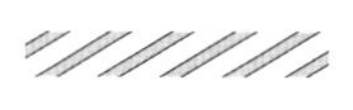

旧態依然の〝考え方〟〝やり方〟では通用しない

講義が終了した。受講者同士で飲み会に行くようだ。この研修をともに戦っている戦友のような関係なのだろう。先ほどまでにらみ合っていた仲なのに、あっという間に打ち解けあっている。

朝倉が私も誘ってくれた。しかし、私はこのような飲み会が嫌いだ。みんな自分の言いたいことばかり言って、自分は聞くだけになるし、無理やり話を合わせるのも苦手だ。だから、先約があると言って断った。

「友野さんは行かないのですか」

私が講義終了後の友野に声をかけた。友野ははにかみながら、

「うー、今日はちょっと都合が合わないんだよね」

「そうですか……」と私は言いながらホワイトボードを元の場所に動かした。

友野が自分の資料をまとめているときに、私は勇気を出して質問した。

「あの……、今日のモチベーションの低い社員のモデルは、ひょっとして私ですか？」

友野は意外という顔をして答えた。

「あれは違うよ。どうして」

「だって、あまりにも私に似ていたので。やる気を出さない部下……、私そのものじゃないですか」

友野はいやいや……と言いながら、

「やる気を出さない部下なんか、大勢いるよ。でも君がそうなのか……。じゃあ、聞いていいかい」

友野は逆に私に質問をした。

「今日発表された中でどのような方法だったら、君のモチベーションを上げることができそうだい」

うーん。なんだろう……。

「今の私にとっては、叱られる……が一番のようです」

「ふふ……、発想がいいね。変わっているよ」

変わっていると言われて、私は眉間にしわをよせた。

その様子を見た友野はとりなした。

「悪い悪い。変わっているって表現はおかしかったね。でもね、それは創造力といってすばらしい能力なんだよ」

「創造力」

私は今まで創造力があるなんて言われたことは一度もない。

「ああ、例えば今日君がノートに書いていた行動の多くは創造力に関する能力だね」

友野は私のノートを開いて指さした。
・がんじがらめになったときは一度ゼロにする
・ホワイトボードをはみ出して記入する
・与えられたテーマ以上の発表を行う
・2つ案を考える
・新商品に興味を示す
「全部、創造力……。一度ゼロにするというのはなんとなくわかりますが、ホワイトボードをはみ出して記入するっていうのは悪い習慣じゃないのですか」

「必ずしも悪い習慣じゃないよ。組織のメンバーがすべてフォーマットを守って、同じことをやっていたらその組織は間違いなく滅びるね」

「なぜですか」

「だって、今世界はすごい勢いで動いているんだよ。ある会社の中の小さな部署だけを見ているとわからないけど、アンテナを高くすると世の中の急激な変化がわかる。旧態依然の考え方ややり方が通用しなくなっているんだ」

確かに私が社会人になった5年前にはまったく予想できなかったことがたくさんある。

「大げさにいうと創造力は生き残る力だよ。状況を察知して、それに合わせた変化をしていく力なんだよ」

私にも創造力なんてものがあるのか？　でもこの力を身につけると、今私が囚われている何かから抜け出せそうな気がする。

思考の習慣 5

「自分の考えをどうはっきり伝えるか」

意思決定力

明確に言い切るこんなメリット

「言葉数＝影響力」ではない

5回目の講義は週末だった。土曜日の日比谷はスーツの人が消えて、カラフルな服装の人が増える。オフィス街に面したこのビルでは静けさが週末を表わしている。

平日には聞こえない鳥たちのさえずりが鮮やかに耳に飛び込む。

今日は「判断」の演習らしい。

私も受講生の判断に関わる習慣をメモするように指示された。

判断という言葉を聞くと、何やら重い感じがする。私は友野に質問した。

「判断の習慣って、どうやって見極めるのですか。私はみなさんの判断がよいかどうかはわかりません」

「判断のよい悪いを見るんじゃないよ。自分の意思をどのように伝えているかを観察するんだよ」

「要は伝え方ですね。わかりました」

わかりましたとは言ったものの、判断の習慣などというものがあるのだろうか。さっそく観察に入った。

講義が始まった。

私はまず目の前のグループの発言比率を調べてみた。調査方法は簡単、発言の回数を正の字で数えるのだ。数えてみると面白い。

発言回数の半分は1人が占めており、後の半分を3人でほぼ均等にわけ合っている。発言トップは宮前だ。一番発言回数が少ないのは竹ノ内。その差は3倍になっている。

この表をつけていて私には疑問が湧いた。

発言回数の多い人が自分の考えをたくさん伝えているか？　と問われると違う。今も目前でワークの進め方が議論されているが、宮前の考えはなかなかみなに伝わっていない。

そう考えていたちょうどそのときに竹ノ内が言った。

「朝倉さんの意見がいいんじゃないですか？　論理的だし」

この一言がグループの方向性を決めた。

その後に宮前が発言した。

「あー。基本賛成だけどね。でももう少し効率的な方法もあるんじゃないの？　ま、私の考えだけど」

私は確信した。意思決定を伝える際に大事なことは、言葉数の多さではなく、言い切ることだと。

竹ノ内の発言には切れがある。「いいです」と言い切った彼の言い方は一見ぶっきらぼうだが、宮前と比べるとすごく明確だ。

私はノートに記入した。

「自分の考えを言い切る」

主導権を握る人はここが違う

ロンドンで研修をしていたときのことです。
「私は予定があるので17時に帰ります」
と現地の女性受講者が言ってきました。
講義は17時までだったのですが、すぱっとした言い方でびっくりしました。

日本での、

「17時を超えるようだったら、講義が途中でも抜けさせていただくことは可能でしょうか」

のような言い回しになれていたからです。

しかし、よく考えると、**自分の意思を伝える際には言葉が入れば入るほど伝わりにくくなります。**不明確になると、相手の取り方が変わるからです。

先日、編集の方と打ち合わせをしていました。

その方が「次の取材もあるので、できるだけ早く終わりたい」と打ち合わせの途中におっしゃいます。じゃあ、と打ち合わせを急いでいると、その10分後に「すみません、残りは別の日にお願いできませんか？　もう出なきゃまずいんです」と荷物を抱えてお帰りになりました。

これは、「できるだけ早く」という言葉を私は「あと30分くらいだろう」と思っていたのに対して、編集者は「あと10分」と考えていたという〝取り方の違い〟によるものです。

私たちが自分の意思を伝える際にオブラートに包んだ言い方をするのは、相手への配慮や判断が間違っていたときのリスクを避けたいという心の動きが原因です。しかし、はっきり伝えないことのリスクは見逃しがちです。

言い切る習慣は、相手へ明確に伝えるというメリットだけではなく、討議の主導権を握るというメリットもあります。

なぜなら言い切ったほうが相手への影響力が強まるからです。

文章も「……だ」という言い切りのほうが「……と言われている」より主張が強くなります。**言い切る習慣は周りへの影響力を強める**効果もあるのです。

すぐにチャレンジ！ 意思決定力を身につけよう

会議での発言を「言い切る」。
言い切る内容は自分の考えにし、偏見や憶測は避ける。

2

疑問に思ったことは必ず質問する

後でこっそり聞きにいきますか？

ワークの途中で友野が「全然違う」とワークの中断を指示した。

ここでも「言い切り」が出ている。この言葉に、今までのざわめきが嘘のように会場は張りつめた空気になった。

「私が指示したワークは、そんな表面的なことじゃない。もっと深堀りするように」

と友野が言うと、会場から数名の手が挙がった。

もちろん私の目の前のグループからも小島と朝倉が手を挙げた。

友野は小島を指名した。

「小島です。深堀りというのは、本質的な議論ということだと推測していますが、具体的なアウトプットの例を教えてください」

そして横の朝倉も質問をした。

「もし深堀りをした場合には、善後策がおろそかになると思います。それでも深堀りしていくというのであれば、発表内容はそちらに傾斜してもいいということでしょうか」

友野も次々と明快に答えていく。

私は久しぶりにルームDを覗きに行った。

同じように講師があるグループにやり直しを命じている。メンバーの会話が耳に入ってきた。

「なんでやり直すの？」

すると相手は「さあ」と手を広げた。

この瞬間、頭の中にビビッときた。これだ。私もこのようなときに手を挙げて質問したりしない。もしわからないところがあれば後でこそっと聞きにいけばいい。

一方、ルームBにいる人たちは疑問に思うとすぐに質問をする。

質問をする習慣があるのだ。

私はノートに記入した。


「わからないことは質問をする」

大勢の前で質問するときの2つの注意点

質問は、自分の意思を表明するとともに、より情報を聞き出すためによい習慣です。疑問に思っていることを伝えることが大事なのです。

なぜなら、疑問を押し殺すと、自分自身の消化不良につながりますし、間違った理解をする可能性もあります。**疑問に思ったことは必ず質問する習慣**をつけたいものです。

先日、居酒屋さんで茄子のお浸しをお願いしました。他に頼んだメニューが次々にくる中、茄子だけがなかなかきません。きっと手間がかかるのだな、と思って待っていましたがやはりこないので、確認すると「すみません、今すぐご用意します」と慌てる店員さん。

これならもっと早く質問をしておけばよかった、と思った失敗です。

このように質問をする習慣は、失敗を未然に防ぐ効果もあるのです。

ただし、気をつけたいのは大勢の前での質問です。私は講師として質問を受ける側ですが、次のような質問は少し困ります。

1つは質問の内容がその方の中で固まっていないものです。

これは質問の意図がわからないので答えようもありません。ある受講者に「何を質問したいの？」と聞くと、「いいえ、上司からとりあえず1つは質問してこいと言われました」

という答えが返ってきました。質問をすることが目的になっていては困るのです。

もう1つは個人的な質問です。

マンツーマンなら構わないのですが、「こんなクレームを今抱えているのですが、どうしたらいいですか」と大勢の前で質問されると、私は「後で私のところに来てください。お答えします」といったん保留にします。

それが大勢の方が疑問に思っていることでない場合、無駄な時間になってしまうからです。

これら2つを意識して、発言者に質問をする習慣をつけてもらいたいものです。

すぐにチャレンジ！ 意思決定力を身につけよう

会議で質問をする。
「○○はどんな意味ですか」
などと議論が広がる質問が望ましい。

3

意見がうまく伝わる「YES・BUT法」

こうして話はまとまっていく

自分の考えを伝える上での習慣はさまざまある。

その観点から会話を聞いていると面白い。

ルームDでは講師が前で一方的に話し、受講生はまるでお地蔵さんのように聞いている。

「質問ありませんか？」

の問いに会場はまったく無反応。講師も当然のように次の話を進めていく。

あるワークが開始された。

「はい、20分で進めてください」

すると、一瞬シーンとしていたものの、しばらくするとざわざわと会話が聞こえだす。

「どうしましょう？」

あるグループのメンバーは他のメンバーの顔色をうかがいながら言葉をかけた。しかし、あまり反応がない。周りのグループのやり方をうかがっている人もいる。

私はその様子を見て、「そうなってしまうよな」とつぶやきながら、ルームBのゴールドコースに戻った。

同じようにグループワークが始まったところだ。私は自分の席に着いた。

「じゃあ、始めましょう。まず、私の考えを言いますよ。1人ずつ発表していきましょうか？」

宮前が提案する。

朝倉がうなずき、「じゃあ、私がここにまとめていきますね。整理しやすいと思うので」と言いながらホワイトボードを引き寄せた。

小島は「いいアイデアですね。では発表はこうしたらどうでしょう？　まずこのケースの問題点に絞って発表するというのは」

竹ノ内は「それで進めましょう」と言った。

先ほどのルームDの研修ワークとはまったく違う。

積極的というだけではない。このさりげなく自分の意見を伝えることのできる習慣はぜひ身につけたい。

早速ノートに記入した。

「さりげなく相手に自分の意見を伝える」

「なるほど」とまず相手の話を受け入れよう

意思を伝えるとき、だれしもどのように伝えるかに心をくだきます。

しかし、肝心なところが抜けている場合があるのです。それは「何を伝えるか」ということよりも、**「伝える相手が聞いてもらえる態勢になっているか」**ということです。つまり相手に聞いてもらうための扉を開く必要があるのです。

私の研修ではある案件についてグループで討議をし、発表をしていただきます。

正解のないワークであることが多く、意見がよくぶつかります。

私がグループの会話に耳を傾けていると、このようなやり取りが聞こえます。

「でも、それではうまくいかないんじゃないですか。そこは却下するべきでしょう」

「いや、却下すると、さらに摩擦が生じて……」

そしてまとまらないままで時間オーバー、残ったのはお互いの不満だけ……。

意見をぶつけ合うのはいいのですが、結局結果が出ていないのでは評価できません。

個々の能力や考えがどれほどすばらしくても、対話がまとまらないと、実行にはつながらないからです。


一方、こんなグループもあります。

「確かにそれもありですよね。でも私は却下するという判断をしました」

「なるほど……、却下するか。いい考えだと思うのですが、摩擦が心配ですね」

「じゃあこんなアイデアはどうですか……」

同じ意見のやり取りですが、徐々に形になっていきます。どこが違うのでしょうか？


人の意見を尊重しながら、自らの意見を明確に伝える習慣が「YES・BUT法」なのです。この習慣を持っている人は、会議で自分の意見を真っ向から反対されても、穏やかに「なるほど、それも1つの考え方ですね。ただ、私は……」と返します。

それは、わざとらしくなく自然にできる、**相手の意見を受け入れて、その上で自分の考**

えを伝える習慣なのです。

「その考え方は間違っている」と真っ向から反対される方と、先ほどのように受け入れることのできる方の両方を見ていると、私はその意見の内容以前に、人の話を受け入れることができる人のほうがすばらしいと思ってしまいます。

このように、ＹＥＳ・ＢＵＴの習慣を持っている人は、周りから信頼されやすい上、何より自分の意思を上手に伝えることができるので、個人としてもチームとしても実績を上げ、評価されやすくなるのです。

すぐにチャレンジ！
意思決定力を
身につけよう

反論する前に、一呼吸を置いて「なるほど」と言う。

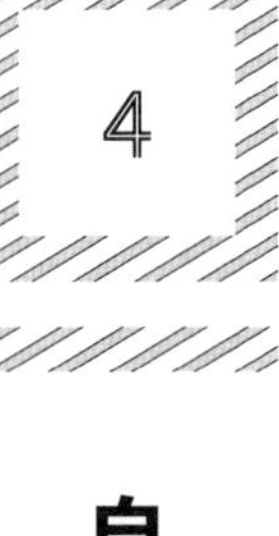

自分を貫く

強く言われるとすぐに意見を変えていませんか?

持っている内線電話が鳴ったので、事務所に戻る。屋敷からだ。

「ゆずきちゃん、悪いけどこれからルームDも一緒に見てくれない?」

「どうしたんですか?」

「あ、担当していた奥野がさあ、突然やめたんだよね。まったく」

奥野はうちのアルバイトの中で一番のベテランで、まともだったのに……。そういえば、屋敷が先日奥野にミスをなすりつけた上、そのことを愚痴っぽく言っていたな……。

「2つの講義を一緒に見るって無理ですよ」

屋敷はなぜか逆切れをした。

「だったらどうするんだよ。こんなときは連帯責任じゃないの。ともかく頼むよ」

なんだ、この人の論理は……。私が無視をしようとすると、またねとっとした手で私の手を握る。

「頼りになるのはゆずきちゃんしかいないの。この通りだから……」

私は今日限りを条件に引き受けることにした。このゴールドコースも同じように屋敷に懇願されて引き受けてしまったことに、後から気がついた。

忙しくなった。ルームBのゴールドコースを見つつ、ルームDを時折チェックしに行かないとならないからだ。

チェックするといっても、空調の調整や、講師の飲み物のチェック、何か異常がないかなどだが。何かトラブルがあると困るので1時間に一度はチェックに入る。

まあ、これでルームBとルームDを比較できる。

ルームDはあいかわらずやる気のない連中ばかりだ。ワークをしながらスマホをいじっている人数名。慌ただしく（わざとらしく）電話を持って部屋から出ていく人が入れ替わり立ち替わり。しかし、私が座るアシスタント席の前のグループは変な緊張感に包まれている。

他のグループはダラダラとワークを進めているのだが、このグループだけは違う。てきぱきとしていて何か緊張感がある。耳を傾けると、

「それは違うでしょう。私はその考えには合点がいきませんね」

「じゃあ、蔵前さんのご意見は……」

強面の体格のいい40代の男に、狐目の小柄な30代だと思われる男性が恐る恐る聞いている。まるで熊に刃向う狐というところだろうか。

「そこはNOだね。なぜならそのようなことを認めると周りへの示しがつかないでしょう。キャリア20年の経験から間違いないでしょ」

その低い声には頭の上からドシンと岩を落とされたかのような重さがあった。

蔵前という大男の威圧に、メンバー全員はまるでお地蔵さんになったかのように固まった。

ホワイトボードには蔵前の意見通りのことが書かれた。

このコースの中でもリーダーシップを取れる人がいるんだな、と気づいた。

そしてルームBに戻る。ゴールドコースも討議の真っ最中だ。

アシスタント席に座り、前のグループを観察する。

やり取りを聞いていると、理路整然としすぎている気がした。それぞれが意見を言い合い、調和されて、整っている。

今の私にはどちらのグループのほうがいいのかわからない。しかし、1つ言えるのは強いリーダーシップを取る人間がここにはいないということだ。

宮前が急に立ち上がり、ホワイトボードのある部分をペンで叩きながら強い口調で言った。先ほどのルームDの蔵前とダブった。

「私が言いたいのは、ここですよ。ここで、一度認める決断をしているのだから、あえて細かく指示を出す必要はないんじゃないですか」

顔がやや紅潮しているのがわかった。

ようやくリーダーシップを取る人間が現れた。私がそう思った次の瞬間、竹ノ内が冷静に言った。

「その考えはわかるのですが、決断と指示はまた違う次元じゃないかというのが私の考えです」

朝倉も意見をする。

「私は竹ノ内さんの意見と同じです。決断だけすればすむ問題じゃないでしょう。宮前さんはどうして指示は必要ないとお考えですか？」

宮前はメンバーの意見を聞いてやや冷静になり席に着いた。

私はそのやり取りを聞いて、なぜ蔵前の言っていることは通って、宮前の言っていることが通らないのか？　と考えた。宮前の迫力が足りなかったからだろうか？

ただ1つ言えるのは、これがゴールドコースで起きたことで、メンバーが宮前のリーダーシップに従わないことは事実だということだ。

私はノートに書き込んだ。

「リーダーシップに従わない」

反対されても屈せず毅然と伝える極意

せっかく精度の高い判断をしているのに、周りに影響を受けるとすぐに自分の意見を変えてしまう。このように判断がぐらつくことはだれしもあります。

例えば次のような状況でもあなたはご自身の考えを貫き通せるでしょうか？

会議で全員が自分と反対意見だったら？

学歴の高い専門家が自分と反対意見を言ったときは？

自分が全幅の信頼を置く人間が別の意見を言ったら？

つまり、判断の軸は案外もろくぶれやすいのです。

しかし、自分の判断を信じて、たとえ反対意見があっても屈せず毅然と伝える習慣を持っている人が存在します。

会議の中で大勢が反対意見であっても、権力のある人に反対されても、毅然と自分の意見を貫いて説得する人は、自分の判断軸がしっかりとしています。それが自分の考えを貫く習慣です。

失敗とは自分が失敗と認めない限りあり得ない、こう言っていた経営者の方がいました。彼らは自分の考えが絶対に正しい、とは思っていません。ただ、自分の考えを実行して間違っていたら自分が責任を取ればいいと考えているのです。リスクを背負っているだけのことです。

他人の意見を元に進んできた結果、成功した人よりも、自分の思ったことを貫き、たとえ**それが失敗であっても、自分の信じることを実行した人が本当の成功者**だと、私は思います。

しかし、人の意見は聞かなければなりません。これは判断に必要な「検証」というプロセスだからです。聞いた意見は、別の方法もあるという選択肢にするべきなのです。そうすれば自分の判断ができます。

一方で相手の意見を鵜呑みにしてしまうことは、自分を裏切り、そして判断を放棄することにほかなりません。

この習慣を身につけた人は、自分の考えたことを実行できる達成感を味わいます。またいくつものストーリーを考える戦略思考が身につきます。

また周りからは芯が通った人間と思われ、リーダーシップを発揮できるのです。

すぐにチャレンジ！
意思決定力を
身につけよう

反対意見が出たときに、
「もう一度自分の考えを繰り返して伝える」。
より強い口調であればなおベター。

結論から伝えよう

この魔法の言葉から始めよう

雲行きが怪しくなってきた。

会場の雰囲気ではない。窓の外だ。

朝は青空が見えていたのに、まるで夜のように真っ暗になり、街路樹も大きく揺れだした。

台風が近づいているのだ。予報では今晩遅くに接近とのことだったのに、すでに荒れた天気になっている。

講義終了まであと1時間半、何とかもってくれるといいのだが。

ルームBではグループ発表の準備が行われている。

向かいのルームDでは一足早く発表が開始された。

ホワイトボードに書いてある内容を読み上げて、読み終わると拍手がパラパラと起きる。

講師だけが精いっぱい手を叩いている。何か白けたムードだ。

「えーと、第3班です。ここに書いていますと通りに読み上げますと……」

私は思った。書いていることを読み上げるのなら、全員が立ってホワイトボードを見回れば時間の節約になるのに。


ルームBに戻る。

ちょうど私の前の第4班が発表を開始した。発表者は珍しく朝倉だった。

「では第4班の発表をいたします」

私はルームDの発表を聞いてうんざりしていたので、両腕に顎を載せながら聞いていた。

「結論から申し上げると、今回の件は却下します」

室内から〝えーっ〟というどよめきが聞こえた。他のグループの答えと唯一違ったからだ。

「理由は、隠れたリスクがあるからです。それは……」

さすがに朝倉はプレゼンに慣れている。いつの間にか私ものめりこんで聞いていた。

発表が終わると、別の班から質問が出てきた。

その質問には小島が答える。

「私からお答えします。リスクの実現性がたとえ少なくても、致命的なリスクは避けなければならない。つまり、却下しなければ組織に大きな障害が発生するということを、我々は問題視したのです」

何が違うんだろう。ルームDの発表はなかなか耳に入ってこなかったが、この部屋の彼らが使う言葉はバシバシ耳に入ってくる。

私は再びルームDに行って、そしてまたルームBに戻って比較をした。

そしてわかったのが、ルームBだけで使われている言葉があるということだ。それもまるで枕詞のように。この言葉があると素直に耳に入ってくる。

私はノートに書き込んだ。

「つまり、結論から申し上げると……が口癖」

先にプロセスを言われても、相手は情報を理解できない

「結論から先に伝える」

これはビジネスパーソンなら必ず一度は言われたことのある言葉ではないでしょうか？

でも私自身も、ついつい理由を述べたり経緯を説明したりすることから相手に理解してもらおうとしてしまいます。

理由を先に伝えたくなる気持ちは、相手に正しく理解してもらおうとする気持ちです。

しかし、結論を知らない相手からすると、理由を先に言われてもまったく理解できないのです。

例えばこのような話です。

長崎に行ったあなたが、ある料理を出されたとします。そしてあなたはこの料理は何かと質問します。帰ってきた答えは、

「日本と中国とオランダの交流があった土地だからこそ、さまざまな文化が調和してできあがったものの1つです。その中でもこの3国の文化が絶妙にブレンドされたのが料理で、

代表的なものとして卓袱料理があげられます。この料理を長崎独自の『和華蘭料理』と呼びます」

どうでしょう。確かに最後に答えがあるのですが、少しわかりにくいですよね。

では結論から先に伝えましょう。

「この料理は『和華蘭料理』と呼ばれています。日本と中国とオランダの交流があった土地だからこそさまざまな文化が調和してできあがったものの1つです。その中でもこの3国の文化が絶妙にブレンドされたのが料理で、代表的なものとして卓袱料理があげられます」

言っている内容は同じです。

結論から先に伝えることで聞き手は、**徐々に情報を追加されてラクに飲み込むことができる**のです。

ただし、結論から先に伝えるとしても、伝える前に自分なりのストーリーを作ってから伝えなければなりません。そうでないと、自分が腹落ちしていない結論を伝え、後から理屈をくっつけるような間違った意思決定になってしまうからです。

結論から伝える習慣を持つ人は、相手に明快に説明ができて、聞き手もストレスを感じません。

また結論を先に出すことで、相手への影響力も強まります。それは最初に印象付けた「初期値」が判断に影響するからです。これをアンカー効果と言います。話にひきつけるなどの効果があるので、結論を先に伝えるようにしてみてください。

「結論から申し上げると」を口癖にする。

6 質問のときこそ的確に伝わるチャンス

なぜ、質問を促すのか？

5グループある中で第4班だけが別の結論だったことで会場は活気づいた。まったく視点が違ったのだ。どうやらそのような視点の違いに彼らは反応するらしい。

質問が続いている中、内線電話が鳴った。ルームDでトラブルがあったらしい。すぐに向かう。すると、講師がマイクを使わずに大声で話している。どうやらピンマイクの電池が切れたようだ。事務所に電池を取りに行き、すぐに交換して渡す。

ルームDでは最後のグループ発表が終わったようだ。ここでも会場はざわめいている。発表者が「以上で発表を終わります」と座ると、すぐに質問が。そして発表者が立ち上がり要領を得ない回答をする。まるで国会答弁のようだ。

私は、そのような光景を横目で見ながらルームBに戻る。

ルームBでもまだ質問が続いていた。朝倉が答えている。そして答え終わったときに「他に質問があればお願いします」と言って質問を待つ。

私はこの発言に少し違和感を持った。どうして、反論をわざわざ促すような、「質問をください」というようなことを言うのか？

少なくてもルームDでは聞かれなかった発言だ。

私はノートに書き込んだ。

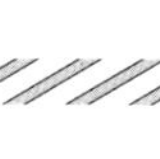

最大の伝達効果が見込まれるシンプルな方法

受けた質問に答える。

これは最大の効果が見込まれる意思伝達方法です。相手が知りたいことにストレートに答えるということは、非常にシンプルで効果的な手法ではないでしょうか？

例えば、研修会場での休憩時間、受講者の方が何か落ち着かない様子できょろきょろしています。

こちらから「緊張しなくてもいいですよ」だとか、「トイレは出て右ですよ」と伝えるとします。しかし、その方は煙草を吸いたかったのだとすると、まったく頓珍漢な対応になってしまいます。

「何かお探しですか」と声をかけて、「タバコが吸える場所がありますか」という質問を引き出すことが、シンプルで効果的な方法です。

質問されることに恐怖を感じられる方も多くいらっしゃいます。特に会議で「質問がありますか」と言うと、悪意で質問されたり、痛い所を突かれたりするので、できるだけ質問は受けないようにしてしまうというのはよくわかります。

でも、これだけは頭に入れておいてください。

人はあなたが思っている半分以下しか、あなたの伝えたいことを理解していないのです。質問がこないからと安心したとしても、あなたの伝えたいことが伝わっていないのであれば残念ですよね。だから、あなたの伝えたいことをきちんと伝えるために質問を受けつけるのです。

私は講演や研修でも、自分が伝えたいことの半分ほどしか伝えません。しかし、必ず質問を受けつけます。そこで**足りない情報を補完することのほうが効率的**だからです。必要のない情報を出しまくるのではなく、相手が必要とする情報を的確に伝える。そのための方法が質問を受ける習慣なのです。

この習慣を持っていると、自分の思ったことが伝わるのはもちろん、無駄なトラブルや誤解を避けるという効果もあります。

言葉は受け取り手によって捉え方が異なるので、質問を受けつけることで、相手の勘違いを解いたり、反論から修正案を考えるチャンスになるのです。

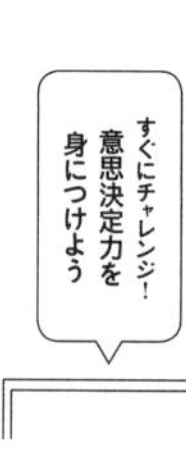

伝えた後に「わかった？」「疑問ある？」と聞く。

7 あえてルールを破る決断を下そう

ルールは手段か目的か？

とうとう、雨が降り出した。
ニュースを見ると予想より早いスピードで東京に台風が近づいているらしい。
私は友野にこの情報を伝えた。すると友野は、遠隔地から来ている人のリストを作るように指示をし、併せて交通情報機関の情報をリアルタイムで知らせてほしいと言った。

終了まで持てばいいのだが……。

グループの中でも天候の会話がされている。

そのときに竹ノ内が前にやってきた。

「先生、少しいいですか？　早退させていただくことは可能でしょうか」

おいおい、あと1時間半あるし、ゴールドコースでは早退すると卒業ができない決まりになっている。

私は友野が私と同じように考えると信じていたが、見事に裏切られた。

「そうだね。そのほうがよさそうだ。後の講義の資料は自宅に送るようにするから早く帰りなさい」

そう答えた。

友野はマイクを持って受講者全員に伝えた。

「みなさん、台風が予想より早く東京に接近しています。このままでは交通機関がストップする恐れがあるので、帰宅が困難になりそうな方はこの時点で帰ってください。講義を続けたい方はそのままで結構です」

なんだ……、授業を終わりにするわけじゃないのか。なのに早退を認めるのか？

これは大変だ。私はすぐに上司である屋敷に伝えた。

「あー。それは困ったけど、いいんじゃない。うちは規定通り部屋代を払ってもらえればいいからさ」

「あの、私は早めに帰っていいのでしょうか」

屋敷は頭を掻きながら言った。

「そりゃだめだよ。夜の講義の準備もあるじゃん」

「でもこの天候じゃ……」

「ダメダメ、一応就業規則に書いてあるでしょ。勤務時間は守らなきゃ」

私はこの発言で、仕事のできる人の習慣に気がついた。

ノートに書き込んだ。


「ルールを柔軟に破る」

ルールはなんのためにあるのか

組織で働くためにはルールが必要です。

私の会社にもルールがあります。

例えば、お客様視点で仕事をするという大きなルール。細かいものでは、帰社時には机の上には何も置かないという約束。国に法律があるように会社でもルールを守って仕事をするようにスタッフにはお願いしています。

ルールを作り守っていくことで、さまざまな価値観を持つ人たちが1つの職場で気持ちよく働けます。また法律などを遵守することで社会からの信頼も得ます。ですからルールを守るのは大事です。

しかし、法律はともかく、ルールを守ることは、目的を達成するベストな方法ではありません。それ以外の方法もあり、状況によってはルールを逸脱することがベストなときもあるのです。

あるクライアントから研修のお話があり、現場レベルの協議は無事進んだのですが、クライアント側の決裁のルールが障害で、日程が延期になったことがありました。

その決裁のルールとは、直接上司がハンコを押さなければならないというものでした。しかも4名のハンコが必要なのにもかかわらず、3名の上司の方は海外や地方に出張で、なかなか捕まらなかったのです。

ルールはルールで仕方がないのですが、時にはルールを変更することや破ることも必要です。そうでないと現実的でないルールがそのまま守られ、結果的に非効率になるからです。


ここで申し上げたいのは、「ルール違反を犯してよい」ということではなく、ルールに縛られて、無駄な行動やデメリットが発生するなら、ルールを変えなければならないということです。

ルールを状況によって破る決断のできる方は、ルールが何のためにあって、それはあくまで基準であると知っています。ですから、周りからの反発があったとしてもルールを変える必要性を訴え、時にはルールを破る決断をするのです。

その結果、目的が達成しやすくなり、今までになかった方法や選択肢を生むことができるのです。

すぐにチャレンジ！
意思決定力を
身につけよう

今のルールがベストかを見直し、変更を他人に提案する。

8

背負いすぎないようにする

誘われたら断れない人たち

おいおい。竹ノ内の早退をきっかけにばらばらと受講生が帰りだした。

帰るのはいいが、今日の親睦会はどうするんだ。

私が店を手配しているので、私は終了後に受講生に声をかけた。

「今日の懇親会に参加される方は何名いらっしゃいますか？　最終人数をお店に電話しな

きゃならないので、挙手をお願いします」

そう言うと会場はざわざわし始めた。

「どうしますか？」

「でも、こんな天気ですしね……」

このような会話がいたるところで聞こえ、一度は挙がった手がばらばらと降りだした。

「小島さんは行かれるのですか」

朝倉が小島に聞く。

「ええ、私は最悪歩いても帰れるので。友野先生にいろいろ聞けるチャンスですからね」

「そうですか。すみません、私はやめておきます。明日もあるので」

「それは残念。でも安全が一番大事ですからね」

朝倉と小島の会話が耳に飛び込んできた。


結局18名いた参加希望者は8名になってしまった。すぐにお店に電話して変更をする。店も事情が事情だけに快諾してくれた。

次にブロンズコースのルームDに向かう。

同じようにこちらも宴会を予定していた。

講師はかなり宴会に乗り気だ。

「いつもより少し早めに終わったので一杯くらいなら大丈夫だろう」

マイクで宴会参加を促す。例の大男の蔵前が幹事らしく、「すぐに帰っていいから、一杯だけでも参加しろよ」とグループのメンバーに声をかける。

みんな圧倒されて、しぶしぶ「少しだけなら……、でもすぐに帰るかもしれませんよ」と答えている。

本当に彼らは人がいい。私だったら絶対に行かない。コンパでもそうだが無理やり参加して楽しかったためしがない。

……そうか。これがルームBとの違いかもしれない。


「誘いを断る」

こうすれば本当にやりたいことができる

あなたは誘われたら断れますか？

多くの方が「悪いから」だとか「せっかく誘ってくれているから」などと他人のために自分を犠牲にされています。

私はインバスケット研修で、優先順位設定の大事さをお話しします。この本でも最初の章でそれにふれました。

多くの方が勘違いしているのですが、優先順位とは今抱えているものすべてに順番をつけることではなく、**〝本当にやるべきこと〟**と**〝やらないこと〟を決める**ことなのです。

例えば同僚に食事に誘われたとしても、「時間があるからいいか」と考えるのではなく、必要ないと思えば「断る」ことが本当の優先順位設定なのです。

他人から見れば「つき合いが悪い」などと思われることもあるかもしれません。しかし、私は自分自身が背負いすぎないようにする正しい行動だと思います。**人に背負える荷物の重さには限りがある**からです。

仕事を上司から依頼されたとき、自分が背負っている量がどのくらいであり、自分に適正な量なのかと考えることがこの習慣を持つ人はできるのです。

私も書籍の企画などを出版社から依頼いただくと、必要とされている感じがして嬉しいものです。しかし、安易に受けるとかなり大きなものを背負ってしまうことになるのです。人は自分が思うほど力持ちではありません。余裕なんてありません。

だからこそ、いろいろなものを背負いすぎない習慣を身につけて、自分自身を守ってください。

この習慣を身につけている人は、本当に自分のやりたいことをやれるメリットがあります。無駄なこと、見せかけのことに時間やパワーを奪われることなく、本当にやりたいことにそれらを当てることができるからです。


すぐにチャレンジ！意思決定力を身につけよう

誘われたとき、「ごめんなさい。また今度お願いします」と相手に言ってみる。

伝わらなかったことが伝わるようになるとき

本当に思いどおりに生きられる?!

空から落ちてくる雨粒はまるでキャンディのように大きくなってきた。

結局、懇親会は友野の判断で延期された。その判断は正しかったようだ。貸し会議室の予約を夕方に入れている団体からもキャンセルの連絡が入った。

上司の屋敷も、本社からの指示で今日は早く帰ることになったと、まるで盆と正月が一緒にきたような喜びようだった。


私は友野と次の講義の打ち合わせを終え、今日書いたノートを見せた。

「これらはすべて意思決定力だね」

友野はうなずきながら言った。私は友野に尋ねた。

「それはすごい能力なのですか」

「意思決定力は判断して相手にそれを明確に伝える力だね。例えば……」

私の書いたノートの一番上を指さした。

「自分の考えを言い切る習慣は、案外みんなできていないものだ。よく言うとオブラートに包み込む、悪く言えばあいまいにして断定する責任を逃れる」

「私はできていないです」

「できていないっていうことは、できるようになったらもっとすばらしいことになるよ。伝わらないことが伝わるんだからね。まるで言葉が通じない外国に行って、言葉が通じるようになったみたいにね」

「本当ですか？ ……あの、1つ相談していいですか？」

「ああ、もちろん」

私は自分の中でずっとしまっていたものを開けるときがきたと思った。

「私、親を騙(だま)しているんです。友人も」

友野は黙ってうなずいて聞いていた。なかなか言葉が出ない中、外の風の音だけが部屋に響く。

「大学を卒業してからです。親の期待どおり〝一流の会社〟に入りました。それで辞めた。いや、辞めざるをえなかったんです。周りから馬鹿にされて、そんなの我慢できない」

「うん」

「でも親にその一流会社を辞めたって言えなかったんです。友人にも……。まさかフリーターやっているって知られたら……、今までの」

「今までの？」

「今までの……、わかりません。でも今までの自分が否定されてしまう」

友野は深く息を吐き、断定するように言った。

「大丈夫。君の生きたい通り生きたらいい。ご両親や友達もいつか理解してくれる」

何をわかったようなことを……。理解するわけがないじゃないか、と思ったときに、友野は言った。

「でもね、偽物の自分を演じるのは難しいことだよ。私に言えるのは、早く君の思っていることを相手に伝えることだね」

私は友野に何も言えなかった。そして相手に伝えたいことを伝える難しさを噛みしめていた。

思考の習慣 6

「次はどうなるのか」

洞察力

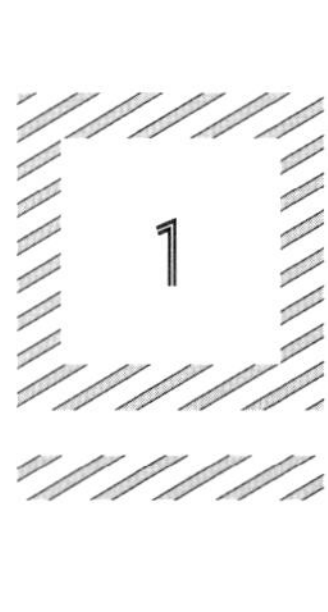

一歩先二歩先を読む

できる人は天気予報に敏感?!

本日の講座のテーマは「全体感」らしい。何やら難しそうなテーマだ。

全体感ね……。今の私にはまったく関係ないテーマだ。

ともかく来月上京してくる両親のことだけで頭が一杯だ。「春樹の勤める会社を見たい」と言われている。両親は私が大学卒業後に入社した大手運送会社にいまだに勤めていると信じている。

上手く乗り切るためにはどうするか、そればかりが頭をよぎる。目の前のことに必死なので全体を見通すとか先を読むとかいう余裕はない。

今日は、ルームDがルームBよりも30分開始が早いので先に準備を終わらせた。ルームDの講義開始まで残り30分となった。ようやくバラバラと受講生が来だした。

私はルームBに行った。ルームBにも数名の方がやってこられた。私が準備をしていると、竹ノ内が声をかけてきた。

「ちょっといいですか？　傘立てがないのですが」

「え……、傘？　……すみません、すぐに用意します」

私は意外に思った。今日は快晴で雨が降る気配がなかったからだ。

傘立てを事務室から持ってきて、ルームBの入り口に置いた。すると、瞬く間に傘で埋まっていく。

宮前が傘を差し込んだときに私は質問した。

「あの……、今日はどうしてみなさん傘を持ってきているのですか？」

「君は天気予報を見ていないの？」

「いいえ、見ていますよ。でも、昨日の夜には、今日雨が降るなんて言っていなかったと……」

「私が見た天気予報では、今日は夕方雨が降る可能性があるかもって言っていたよ」

私は慌てて、スマホで天気予報を確認した。すると、確かに夕方の一時期であるが雨の予報が出ている。

そしてルームDにも傘立てを置いたときに、私はルームBとの違いに気がついた。傘を持ってきた人が圧倒的に少ないのだ。

そうか、ここが違いなのだ。私はノートに書き込んだ。

「天気予報を知っている」

チャンスを予測して準備を行い、ものにする

私たちは目の前で起きている事柄には夢中になりますが、それが故に、そこだけに捉われて、見えていない部分が多くあります。

しかし、洞察力を発揮している方は、この先はどうなるのだろうと先を見る視点を持っています。

例えば、飛行機で出張に行こうとしている際に、予約している航空会社のシステムトラブルで大きな混乱が起きているというニュースが流れたとします。

多くの方は自分の乗る便は大丈夫かと不安に感じ、空港や航空会社に確認するという行動を取るでしょう。しかし、先を読む視点があると、他の航空会社の便に多くの客が流れるから、早めに動かなくてはならないとか、代替の交通手段が混むので早く席を確保しなければならないとか、一歩先二歩先を読むことができるのです。

そのような洞察力を発揮する方に特有の習慣が、先の天気予報に敏感であることです。具体的には明日の天気予報はもちろんですが、週間予報、季節予報などもよく知っています。まだ春なのに「今年の夏は暑くなりそうですね」などと言える人には、この習慣があります。

天気予報だけではなく、1週間のテレビの番組などもよく知っていますし、イベントや政治の動きなどにも敏感です。

これはその方が**現在だけを見ているのではなく、つねに先を見ている**と言えるでしょう。

このような方は、これから起きることに対して用意周到で、失敗が少ないものです。また、やってくるチャンスを予測して準備を行い、確実にものにします。だから成功しやすいのです。

例えば、課長職であるとして、課長職の仕事をしているのが現在の視点です。しかし、先を見据えている方は、すでに次のステップの準備を始めています。例えば部長として必要なものの見方を学んだり、部長の仕事の手伝いをするなど、部長になる準備をすでにしているのがこの習慣を持っている人なのです。

すぐにチャレンジ！
洞察力を
身につけよう

季節予報を確認する。
週間天気予報を確認する。

2

1つの視点だけで物事を決めない

読む新聞を1紙だけにしないわけ

ルームBでは多くの方が傘を持っていたが、持っていない人もいる。私も持っていないので、買いに行こうかどうしようか迷っていた。

ただ、本当に予報が当たるのか疑っていた私は、余計な出費はしたくないので、同じように傘を持っていない小島さんに聞いてみた。

「確かに気象庁の天気予報では雨だとか言っていたけど、私が使っているアプリの民間会社の天気予報では雨は降らないとなっていたからね。私はそっちを信じることにしただけだよ」

「え？　2つも天気予報を見ているのですか？」

「1つの方向でものを見つめるより、複数から見たほうが正しいものが見えると私は信じているわけです」

すごい。いくつもの角度で見るのか？

小島は、ついでだけど……、と続けた。

「新聞も複数読んでいるよ。だって見る角度が変わると先の読み方も変わるじゃない。1つの角度だけで物事を見るのは危険だからね」

私は忘れないうちにノートに書き込んだ。

「1つの情報を信じない」

別の意見や違った情報を探す姿勢がポイント

物事の見方は見る方向によって変わります。

風が吹けば桶屋が儲かる、ということわざがありますが、その由来をご存じでしょうか？　いくつかの説はあるものの、このようなものだそうです。

風が吹くと砂が舞い、砂が舞うと目に入り、目を患う方が増える。目を患うと三味線弾きが増える。そうなると三味線が多く必要になり、当時三味線は猫の皮が使われていたので（猫好きの方にはショックですが）、猫が減り、宿敵がいなくなったネズミが増える。ネズミが増えると桶をかじる。だから桶が売れるというのです。

でもどうでしょう、この事象を猫の立場で見たときは決して気持ちのよいものではありません。また桶をかじられた人にとってもよい気分ではありません。三味線弾きにとってはライバルが増えますが、眼医者から見れば患者が増えて嬉しいかもしれません。

つまり、いろいろな立場や視点があるのです。

しかし、私たちはある1つの視点だけで物事を決めがちではないでしょうか？

自分で判断したことを周りに相談すると、違った意見や別の見方があることに気がつきます。

複数の視点を意識する習慣があれば、物事を先入観で見たり狭い範囲で判断することがなくなりますので、より判断の精度が高まります。

例えば複数の情報を参考にする事例として、私の学生時代のお話をしたいと思います。

学生時代に競馬場にはじめて行きました。

「予想屋」と呼ばれる方が数名いて、お金を渡すと予想をしてくれます。

私はある予想屋さんの予想通りに馬券を買おうと思いましたが、友人は別の予想屋さんからも情報を得て、さらに競馬新聞を元に予想をしていました。

私はそれを見て、1つの見方を信じるのではなく、複数の視点を参考にすることが大事だなと感じたのです。

ぜひ、今見えていることだけで判断をしないように、複数の視点を持ってみてください。

すぐにチャレンジ！洞察力を身につけよう

ある情報について
肯定的な情報と否定的な情報の両方を確認する。
例えば、ある食品が健康によいという情報があった場合は、
別の考え方の情報収集をする。

3
世の中では何が起っているのか？

休憩中に何を話しているか？

全10回の講義も折り返し地点を過ぎた。

これからは少し別の視点を持って、ルームBとルームDの受講生を比較してみようと思った。今日は休憩中の会話をチェックしようと思う。

仕事のできる人の休憩中の会話はどのようなものか？　まず早めに入ったルームDの休

憩中の会話に耳を澄ました。しかし、休憩中に会話をしている人は少ない。多くがスマホに向かって黙々と操作をしている。

その中でも聞こえる話に耳を傾けた。

「うちの会社はオーナー会社で……、だから、うまくやるには……」

別の会話に耳を傾ける。

「上司がきつくてね。……でも、もう少しするとそろそろ転勤かな？　と思って……」

うーむ、どうやら愚痴の共有や自慢話が多いらしい。

ルームBの自分の席に戻る。スマホを見ている人も多いが、目の前のグループでは朝倉が中心でメンバーに話しかけている。

「どうしたんですか？　宮前さん。暗い顔ですよ。トラブルですか」

「最悪だ。……いや、これ見てくださいよ」

「あら、いやだ」

何を話しているのか？　私は近づいてみた。

「アメリカの経済指標があまりよくなかったのが原因みたいですね」

竹ノ内が言った。どうやら日経平均株価のようだ。

すごい。みんな財テクをしているんだな。さすがゴールドコースだ。

小島は別の話題を振っていた。

「日本も若年労働層が薄くなるので、絶対に労働力が不足するから……」

この人たちはどうしてこんな難しい話を平気でできるのだろう？

私はノートに書き込んだ。


「株とか日本のこととかを会話する」

外部環境に敏感になる4つの視点

私が経営者になってつくづく思ったのは、いかに外部環境に疎かったかということです。
例えば、他の経営者と話していると、日経新聞の一面に載っていた話がよく出てきます。
また、株価や景気、政治経済などの話をするときに、自分の無知さを恥じることがよくありました。
私たちは会社の中の、すなわち内部の環境には敏感ですが、外の世界で何が起こってい

マクロ環境分析

政治 Politics	法律、外交　等
経済 Economy	インフレ、失業率、景気動向　等
社会 Society	ライフスタイル、志向、人口　等
技術 Technology	新しい技術　等

るかには思いの外疎いものです。

ガラパゴス化などとよく言われますが、孤立した環境の中で優れた成果が出ていても、一歩外の世界に出ると役に立たないということにならないように、つねに外部環境に敏感にならなければなりません。なぜなら、外部環境はつねに変化し、その変化のスピードは年々上がっているからです。

ただし、外部環境といっても、その範囲は広く、すべてを把握するのは難しいですよね。そのようなときに「ＰＥＳＴ」を意識するといいでしょう。

これは外部環境を見る視点を４つにわけて、その頭文字を取ったものです。

新聞の多くは、この分類で紙面構成されていますから、この視点で新聞を読んだり、情報を定点的に集めることは外部環境を知る上で大変に役立ちます。

ただ、どんなに新聞を読んでも、必要のない情報はなかなか頭に入ってきません。たとえ入っても残りません。

そのためにも、例えば外貨で貯金したり、株を購入してみると、自らの利害が関わるので、経済への関心が高まります。こうして自然に外部に対するアンテナも高くなるのです。

外部環境にたえず関心を寄せ、世界で何が起きて、どのような流れになっているのかに敏感は人は、社内だけではなく社外の人と話すときにも話題に困りません。また、大きな変化が予知できるので、個人のみならずチームが生き残る方向性を見つけることができるのです。

すぐにチャレンジ！
洞察力を
身につけよう

株や投資信託を購入して推移をチェックする。
新聞の全紙面を読み、PESTで記事をチェックする。

重要なキーワードには下線を引こう

なぜ彼らはマーカーを使うのか？

研修アシスタントにはいろいろな仕事がある。まるでコンシェルジュのようだ。先ほどは、ここから羽田空港までの行き方を教えてほしいと言われたし、近くのクリーニング屋さんを聞かれることもある。

ルームBではグループワークが始まった。そのときに、朝倉が私の元に申し訳なさそうに来た。

「あのー。マーカーペンか付箋があればお借りしたいのですが……」

私はとっさに自分の筆箱から黄色のペンを貸した。

受け取った朝倉は何度も頭を下げながらワークに戻った。

渡した後にふと思った、ルームBでは多くの人がマーカーや付箋を使っている。何か新しい発見がありそうだ。すぐにルームDに比較しに行く。当たりだ。マーカーや付箋を使っている人は圧倒的に少ない。

じゃあ、なぜルームBの人はマーカーを使うのか？　ワークの内容が違うのか？　私はマーカーをどう使っているのかを調べるために再びルームBに向かった。

友野がテキストを使って解説している。朝倉がその解説を聞きながらうなずき、マーカーを使っている。

レジメを配る際にふと覗いてみる。テキストの重要なキーサードにマーカーをつけている。

竹ノ内は付箋を使っている。同じように重要な部分に貼っているようだ。

ルームDを見に行くと、テキストなどにはほとんどマーカーはされていない。これは決定的な差だ。私はノートに書いた。

「マーキングをする習慣」

生産性や洞察力の高い人の共通点

洞察力とは「物事を関連づける」という側面もあります。私たちの周りには多くの情報があり、一見関係のないものも関連づけると別の側面が見えたりします。

このような関連づけは見えないものを見抜くには重要です。そしてそのためには、重要なキーワードを見抜くことです。

例えば、以下のようなメールが来ていたとします。

メール１　11月９日開催の経営会議の案内
メール２　アポの調整依頼「11月９日はどうですか？」
メール３　経営会議での司会をお願いします

それぞれのメールを見るとそれほど重要ではないことも、関連づけると意味合いが変わります。例えば「11月９日」で関連づけると、メール１とメール２のどちらかの用件を断らなければならないということがわかります。

またさらにメール3の「経営会議」というキーワードで関連づけると、メール1の経営会議にはメンバーとして参加するのではないことがわかり、少し重みが増します。

実際の生活の中でもこのようにさまざまな情報を関連づけて判断することが大事ですが、関連づける際に威力を発揮するのが、キーワードをチェックする習慣です。

キーワードをチェックすると、まず、多くの情報の中で注意しなければならない点が明確化されます。先ほどの例で言えば「日付」「経営会議」という点です。

またチェックすることで読み飛ばすよりは頭に記憶されますので、他の情報と関連づけしやすくなるのです。

そうすることで頭の中で複雑な情報が明確化されます。キーワードが何かを見つけることで理解も進みますし、タグづけされることで他の情報との関連づけがしやすくなります。

また、キーワードをチェックすると、記憶しやすくなり、その情報を改めて探す時間が短縮されます。

私がインバスケットの回答を分析していて感じるのは、生産性の高い人や洞察力の高い人の多くは、**問題部分に下線を引いているる**ということです。

会議の資料でもそうです。気になった部分に下線を引いたりまるで囲んだりしている方が多いのです。

メールや電子書籍などで下線が引けなくても、そうすることが習慣になっていれば、頭の中で重要なキーワードをチェックしています。こうして関連づける力や要点を見抜く力が成長していきます。

読んでいる本や配られた資料に下線を引く。

自己投資は将来の満足のためにする

苦しくても将来のために頑張っている

私はルームBのメンバーが真剣に研修に取り組んでいる様子を見て、はじめは「馬鹿じゃねーの」と思っていたが、最近はうらやましく感じられるようになった。少なくとも彼らは自分たちの意思でここで勉強しているからだ。

こんなに真剣に勉強したことなど、私に今まであっただろうか？　少なくともこんなに苦しい思いをして勉強しようとは思ってこなかった。

6回だけだが、彼らと過ごしてわかったのは、彼らにとっては「苦痛ではない」ということだ。

彼らは苦しんでいるが「苦しいと思っていない」。むしろ、友野から厳しい指摘を受けても、どこか楽しんでいるように見える。

昼休憩から戻り、エレベーターに乗り込むと、竹ノ内が一緒になった。

「あれ。もう食事をとられたのですか？」

私が声をかけた。休憩が開始されてから15分しかたっていないのに部屋に戻る竹ノ内が気になったのだ。

「はい、先ほどメモしたことを整理しようと思いまして」

「熱心ですね。その熱心さはどこから生まれているのですか」

竹ノ内は珍しくにんまりしながら答えた。

「楽しみじゃないですか」

「楽しみ……。苦しみがですか」

私はこの人たちはマゾかと思った。

「いやいや、将来の楽しみのためにみんな頑張っているんですよ」

私はますますわからなくなった。

「将来の楽しみ……ですか」

「柚木さんは何かスポーツはされますか？」

「昔バスケットをしていました」

「じゃあ、バスケットの練習はどのようなことをしました？」

「ランニングだとか基礎体力を鍛えるトレーニングですかね」

「それって楽しかった？　きっと苦しかったでしょ。でもその苦しさがあってバスケットをする楽しみがあったでしょ。つまりそれなんだよ」

将来の楽しみのために今苦しむことを楽しむ、……ってことか。

私はノートに書き込んだ。


「将来のために今苦しむ」

長期的な視点で考えよう

子供たちに「おやつでドーナツをあげるけど、今、食べずに我慢したら、明日はドーナツを2個あげる。どちらにする？」と質問したら、どう答えるでしょう。

多くの子供たちはおそらく今食べるほうを選ぶのではないでしょうか。

実はこのようなテストが実際に行われました。マシュマロテストといわれるテストです。

マシュマロを皿に1個おいて、子供に15分ほどこれを食べずに我慢したら、もう1つ上げるよ、と言ってその場を離れます。我慢をした子供は全体の3分の1だったそうです。

このテストは将来得る成果のために、自分の欲求や感情をコントロールする力を測定するために行われたのですが、マシュマロを我慢した子と同じように、仕事のできる人は今目の前の満足に力を注ぎ込むのではなく、**将来の成果や満足のために力を注ぎ込む**ことができるのです。

私の研修でも参加を検討される方から質問を受けることがあります。

「この研修を受けると営業成績がどのくらい上がるものですか」

なるほど、高い料金を払うので、効果を求めるのは無理がありません。ただ残念なのは、考えが短期的すぎだという点です。

受けるとすぐに効果が抜群に上がるという研修もあるかもしれません、しかし、自己啓発は長期的な視点で見るべきもので、部下の教育や風土の育成、コミュニケーションの円滑化などは、すぐにできるものではありません。

長期的な視点を持って行うものです。

自分のために投資をする習慣を持っている人は、投資を長期的な視点で考えています。

だからこそ、**今の満足を重視するのではなく、将来の満足に投資する**ことができます。

お米は88の工程でできているといわれています。苗を植えてすぐにお米にはなりません。しかし、数か月後に黄金の稲穂がたわわに実っていることを夢見るからこそ、今苦しくてもその工程を楽しむことができるのです。

つまり、将来のために今苦しむことのできる習慣を持っている人は、長期的には大きな成果を作り上げることができますし、長期的にずっと努力を続けますので、気がつくと他の方より力をつけることができているのです。

すぐにチャレンジ！洞察力を身につけよう

積み立て貯金をする。
または、何かの教室に通う。

6

戦略を立てる癖をつけよう

目標がなければ、仕事は面白くない

今日は、先日流れた懇親会の実施日だ。

しかし私には頭の中に拭いきれない不安がある。それは今日の幹事が私だからだ。もちろん業務としての参加なので給料も出る。店も押さえているし、小銭などの両替金の準備も終わった。挨拶の順番や席替えのタイミングなども計画したが、これだけできる人たちがいる中で、彼らを満足させる会になるかといえば、不安があるのだ。

今まではカラオケ店でのパーティでサプライズ企画なども行い、好評だったが、今回はわけが違う。

私は悩んだ挙句、目の前のグループが休憩しているときに相談してみた。

「あの、今日の懇親会って何かサプライズが必要ですかね」

そう言うと小島が笑いながら答えた。

「もちろんだよ。盛り上げるのは幹事の役目だろ」

「マジですか……。私にはその自信がないのですが……」

小島はさらに笑いながら答えた。

「だったら私が仕切ってもいいけど。ただ、柚木さんが何を目指すのかによるけどね」

すると、周りのメンバーもうんうんとうなずいた。

しかし、私には何を言っているのかわからない。

「何を目指すって……、宴会の幹事ですから……」

そう言うと小島は真剣な目つきになり、首を横に振った。

「それは役目を遂行しているだけでしょ。目標が大事だよ。そうでなきゃ、仕事って面白くないでしょ」

すると宮前が横から乱暴に言った。

「わからねえかな。小島さんが言っているのは、ただ言われた通りにやるより、自分で目標を立ててそれに対してストーリーを作ることが大事っておっしゃっているんだよ」

私はさらにわけがわからなくなった。

私が理解できていないことに気づいた朝倉は言った。

「例えばね、結婚式の司会を頼まれたとするでしょ。そこで、司会を無事こなそうと考えているのか、それとも『感動の結婚式』とか目的を作って、そのためにいろいろなプログラムを考えるのかの違いよ」

「確かに、目標を作ることは大事ですが、面倒くさくないですか？　余計なことをせずに言われたことを確実に私はします」

「それも間違いじゃないけど……」

朝倉が私の答えに対し物言いたげにしていると、小島が言った。

「君次第だけど。私はそれじゃ何も面白くないし、次からは仕事が来ないよ。仕事って、自分でより高い目標を立ててそこに行くまでのストーリーを作ることが面白さだし、そうしないと付加価値も生まれないよ」

私はまだよくわからないが、少なくとも自分の考え方と違うので、ノートに書き込んだ。


「目標を立てて、ストーリーを作る」

目標と、そこにいたるシナリオがいる

戦略というと何やら難しい言葉ですが、簡単に書くと、**目標を立ててそれを達成するためのストーリーやシナリオを作って実行すること**をいいます。

例えば、私の研修では模造紙に何か書いたりするワークが多いのですが、ここでもこの考え方の習慣はよく出てきます。

戦略思考の習慣がない方が集まったグループでは、まず1人ずつ発表してそれらしい案がまとまり、それが模造紙に書かれます。時には多数決で決められたりします。

しかし、戦略思考の習慣がある方たちですと、まず最終のイメージが各々のメンバーにあり、それらがぶつかり合いますので討議が盛り上がります。全体の流れを見ながら、どのタイミングで発表するかを気にしたり、前後の発表内容と関連づけて発表したりします。それぞれの中で、妥協する点や妥協できない点が明確になり、最終的に中身の濃いものになるのです。

この2つのグループの何が違うのか？　後者にはワークを行うことへの目標と、そこに至るシナリオがメンバーそれぞれにあります。前者ではワークを実施することが目的になっていますので、そこでなされた討議内容へのこだわりがなく、最終的には多数決などの案になるのです。

このやり方も決して悪くはないのですが、結果は表面的になってしまいます。

戦略的な思考を持ち、目標達成のために自分なりにストーリーを考える習慣がある方は、長期的にもつねに優位な立場にいることが多く、継続的な成果を上げ続けることができるのです。

与えられた目標とは違う目標を立てる。
そしてその達成のためのストーリーを作る。

7

人生を成功させるために必ず必要な力

先を見て努力をするか、見えないまま手探りで進むか

懇親会は大いに盛り上がった。

あの張りつめた研修会場とはまったく違う温かい雰囲気、私が企画したミニゲームにもみんなが参加してくれて、あっという間にお開きになった。

帰り道、友野と一緒に駅に向かった。

「友野先生は二次会に行かないのですね？」

友野はいつもよりゆったりとした口調で話した。

「ああ、私はあのような場は苦手でね」

予想した通りの答えだ。この人は人づき合いが苦手なのだ。


「そういえば……、今日、君がノートに書いていた項目だけど」

「ええ」

「あれはね、ビジネスというより、『人生を成功させるために必ず必要な力』と呼ばれているね。洞察力という」

「人生を成功させる」

私はこのような言葉は大嫌いだ。なぜなら、人生なんてちっぽけなもので、生まれながらに成功するかどうかが決まっているからだ。そんな言葉を使う奴にはろくな奴がいない。

「洞察力……。私も昔はそんな力を出す余裕すらなかったな」

「友野先生にもそんなときがあったんですね」

「……不思議なもので、忙しくて目の前しか見えなかったら、さらに先が見えなくなって、後手後手になって。悪い循環だよね」

「それって私のことですよ」

「いやいや、君だけじゃないよ。私も昔はそうだった。あの頃にもっと広い視野、先が見通せる目、そして世の中の流れを敏感に感じ取るアンテナがあれば……と思うよ」

「でも先生は今、成功されているじゃないですか」

友野の顔が曇った。

「成功？　成功って何だろう。私は成功という言葉が大嫌いでね」

この人、私と同じことを言っている。

「ただ、洞察力がないと、闇夜を手探りで歩く人生になると思う。例えば、今日の宴会もおそらく何かシナリオを考えて進めていたよね。すごく楽しかった」

「ありがとうございます」

「君の目も生き生きしていたよ。先を読めている感じだったね」

そういえば、色んなことも先を読めていると、まるで急流下りでうまく船を捌いている
ような楽しみがあった。

「でも、私は本当に先が読めているといえるでしょうか」

「ああ、もちろん。だって、君は今、将来のために努力しているじゃないか？　これは先を見る人だけができるんだよ」

「そうなんですか？」

私ははじめて友野に認められたようで嬉しかった。

一方で、来月やってくる両親のことを考えていると、自分が目先のことだけを考えているちっぽけな存在に思えてきてしまった。

思考の習慣 7

「だれにやってもらおうか」

計画組織力

1 方針を伝えるとみんながまとまる

えっ？　私が講師！

夏のギラギラした太陽が、日比谷の街路樹の間からでも肌に刺す。そんな日にトラブルが起きた。来るはずの講師が来ないのだ。

友野のことじゃない。

開始5分前になってもルームDの講師が来ない。会社に連絡しても講師と連絡が取れないとのこと。

私は慌てて屋敷に報告に行く。セミナー室も何か不穏な空気が漂っている。

「そんなこと私に言われちゃっても困るんだけどね。なんとかしてよ、ゆずきちゃん」

「なんとかって……、ルームDを兼任するのは前回限りってお話だったじゃないですか」

「だって、今回の件は柚木ちゃんが受けちゃったんでしょ。だったら自分でなんとかしなきゃ」

「そんな、私アルバイトですよ」

「そう言われてもさあ、私が何を言うのよ。それは主催するセミナー会社の問題だから、適当に受講者に自習とかさせておけば」

私は相談する相手を間違えたと感じた。


ルームDでは時間が過ぎてもまだ講師が来ない。

仕方がなく私が自習を告げようと前に立ったときに、罵声が飛んだ。

「おい、講師来ねーじゃねーか」

「いや……、えっと」

私はたじろいだ。すると大男の蔵前が立ち上がり、私に言い放った。

「今日は休講だよな。それだけ教えてくれよ」

「いえ、もうすぐ来ると……」

「それって本当？　じゃあ、あと何分？　それにどうして講師が来ないわけ」

「……」

「私たち暇じゃねーんだよね。あと5分たったら休講でいいよね」

そうだ、そうだ、との会場のどよめき。すでに帰り支度を始めている人もいる。私は逃げるようにルームDから出た。

すると、屋敷が内線電話を持って小走りに来た。

どうやら講師からだ。

押しつけられた電話に仕方なく出ると、ようやく今空港についてこちらに向かっているとのこと。しかし、到着するには1時間ほどかかりそうだ。

講師がか細い声で私に頼み込む。

「1時間、なんとかみんなに待っていてもらえませんか」

「無理でしょ。あと5分たって来なかったら休講だって、騒いでますよ」

電車の発車ベルが鳴る。はあはあしながら、よろしくお願いしますと言った声が切れた。

ちょっと待ってよ。どうしたら……。そのときに友野が横にいることに気づく。

私は事情を話して友野に助けを乞うた。

しかし、友野から返ってきた答えは、私の期待を大きく裏切るものだった。

「君が1時間講師をすればいい」

「え？」

「まず、明確な方針を立てて、みんなを方向づけるんだ」

「そんなことできません」

「いや、できる。今みんなは烏合の衆になっている。これは方針がないからなんだ。だから、受講生に力強く、これからやることを告げるんだ。すると徐々にチームになるよ」

「そんなこと言ったって、そもそもみんな聞いてくれませんよ」

「じゃあ、おまじないを教えてあげる。こうするんだ」

友野はそう言うと、ルームDのドアを開けて、恐ろしいことをした。

パンパンっ、大きく手を打ったのだ。その音に教室は静まり返った。友野は「じゃあ、がんばって」と言って扉を閉めた。

人数×2の目が私を見つめる。

えーい、どうにでもなれ。私は教壇に立って、ふうと息を吐き大声で伝えた。

「講師はあと1時間遅れます。それまでみなさんには、今までの研修の振り返りを行っていただきます。グループでまず10分間前回までの振り返りを行ってください。それではスタート」

いつも友野が言っていることを思い出しながらそのまま伝えた。

すると、最初はざわざわとしたものの、会場の動きが変わり、グループにまとまって話し合いを始めた。

まさか。……自分にこんな大勢の人を動かす力があるなんて……。嘘だろ。……そうか、方針を伝えるとみんながまとまるのか。

私は忘れないように走り書きでノートに書いた。

「方針を大きな声で伝える」

この習慣がリーダーシップの基本

会社には方針があります。

こんなものタダの飾りじゃないか？　と私は若いころに思っていました。儲けが出ればいい、そのように考えていたからです。

しかし、方針がないととんでもないことが起きます。

それを経験したのが、当時勤めていたスーパーで、プロ野球球団の優勝セールがあったときです。

普段の数倍のお客様が押し寄せたのです。瞬く間に売り場は品切れだらけ、レジの応援要請放送が鳴りまくり、全員がやることに追われました。しだいにパニックになり、だれが何をやっているかわからなくなってしまったのです。

部下の店員も四方八方からお客様に特売品の売り場を聞かれたり、あらゆる箇所が品切れをしてどれから補充したらいいかわからず、右往左往する状態です。管理者である私も、複数から応援要請をされながら、迷子やクレームの対応に忙殺されていました。

そんなときに、店長から私たち管理者に通達が下ったのです。

「品切れは仕方がない。まずはお客様が怪我をされたり、迷子が出ないように、売り場の案内に撤しろ」

すると、一本串が通ったかのように店員全員が持ち場につき案内を始めました。

みんながパニック状態のときに、方針はまるで羅針盤のように道筋を教えてくれます。

これが組織なんだな、と思いました。個人の考えで動くのはチームではありません。チーム全員が同じ方向に向いて力を結集すると、個人だけでは出せない力が発揮されるのです。

方針は力を結集するだけではなく、継続して行うことで成果につながります。継続には確固たる意志が必要です。

方針があれば人は強くなれます。方針はよりどころになるからです。方針を立てる習慣のある人は、仕事の方針、お金の使い方の方針、育児の方針など、さまざまな面での自分の方針を持っています。

私も研修講師として方針があります。それはできるだけ話をしないという方針です。講師が話をすれば、それだけ受講生同士のワークの時間が少なくなり、結果的に気づきにつながりません。だからこの方針を貫いています。

著者としても方針があります。自分が経験していないことは書かないという方針、そして難しい言葉を使わないという方針です。

本のレビューに、「簡単すぎてつまらなかった」と書かれることがあるのですが、それが私の方針なので、書かれても、正直それほど辛くはありません。

方針は、人の不安を取りはらい、歩く足取りを力強くします。

この習慣を持つ人は、リーダーシップを発揮することができます。それは軸がぶれないように他人から見えるからです。また個人としても迷いが少なくなり、より確実に成果を達成できます。

すぐにチャレンジ！
計画組織力を
身につけよう

自分の方針を作る。
食事の摂り方でも週末の過ごし方でも、
身近なことについての方針を作り、手帳に書きこむ。

2 キーパーソンの心をつかめば チームはうまくいく

だれがキーパーソンか？

「どう？　うまくいっているみたいだね」

そっとドアが開き、友野が覗いた。

「四苦八苦ですよ。でもこのあとはどうしたらいいですか？」

「ああ、各グループに〝どんな話し合いになったのか〟と聞いたらいいよ。ただそれにもコツがあるよ」

「ぜひ教えてください」

「キーパーソンを選んで対話をするといいよ。そうすると今後の進め方が楽になるよ」

「キーパーソンってだれのことですか?」

「それは君がよく知っていると思うよ。例えばグループに対して影響力がある人だね」

「ああ……、なるほど。やってみます」

私は友野にろくにお礼もせずに、慌てて壇上に戻った。

ちょうど10分たっていて、タイマーが鳴り始めた。


「ではどのようなお話になったか、数名の方にうかがいたいと思います」

緊張してマイクを口に近づけているせいか、私の吐く息がスピーカー越しに聞こえる。

「では蔵前さんお願いします」

腕組みをしている大柄な蔵前を指名した。

彼の顔は明らかに「おお、私か」と少し和らいだ。そして、咳払いをしてから「えー。

わが班は……」と、演説のように話を始めた。


同じように各グループでの中心的な人物に次から次へとあてた。

すると、彼らの態度は少しずつやわらかくなり、周りのグループの発表に興味を持ちだした。各グループに点火された火が、徐々に広がるかのように、影響力のある人間のうなずきは、他のメンバーのうなずきへと変わっていった。

そうか……、だれに最初に当てるかが大事なのか……。

「一番うるさそうな人と仲よくなる」

時間をかけずに全員を納得させる秘訣

組織で働いていると「**合意形成**」と呼ばれる、みんなの合意を取りつける行動が必要になります。なぜなら、人は自分が納得しないと行動を起こさないからです。

もちろん命令でも動くかもしれませんが、動いたとしてもそれは強制力が届く範囲に限ってのことです。あなたの姿が見えなくなると「あーあ」と言って休憩を始めるのです。

だからこそ、全員に腹落ちさせていくことが大事なのですが、実際は全員に納得してもらうことは非常に難しく、かなりの時間と労力が必要になります。

このようなときは全員に同じように合意形成を行うのではなく、**一番影響力の大きい人間に焦点を当てて合意形成を行います。**すると合意をした方が周りの方に伝えて、合意形成が広がるのです。

このように何かを目指して動く際に、周りに影響力を持つ人や、今後力になる人と信頼構築をしていると、いざというときに支援をしてもらったり、援護してもらうことができます。このような人たちを**「重要なキーパーソン」**と呼んでいます。

全員を押さえることが無理であっても、このキーパーソンを押さえることで、大部分のことはうまくいきます。まさにオセロで言うと、四隅を押さえるようなイメージです。

重要なキーパーソンと仲よくするには、そのときだけうまく接するのではなく、常々の信頼構築が大事です。信頼は積み重ねてできあがるものだからです。

重要なキーパーソンと信頼構築をする習慣がある方は、まずだれが重要なキーパーソンなのかを察知することができます。**キーパーソンは肩書や役職がある方とは限りません。**案外、パートさんがその職場の重要な判断をする際に大きく影響しているなんてこともあるのです。

このキーパーソンがだれかを知るために、常々からアンテナを高くしておきます。

さらに、キーパーソンと会話したり、情報を提供したりして、彼らにとって有意義な人物になるように心がけます。

その結果、この習慣を持っている方は、味方が多く、何か障害が発生しても周りの力を借りて乗り切ることができます。また、決裁者などと信頼関係を結べば、従来のルートでは無理なことや時間がかかることも、簡単にかつ時間をかけずに成し遂げることができるのです。


すぐにチャレンジ！

計画組織力を身につけよう

職場または地域コミュニティの重要キーパーソンと話す機会を作る。

3

自分1人ではできないことをあっさりやり遂げる方法

役割を得るとみなテキパキと動き出す

グループの発表はなんとか無事にすんだ。次は、今までの講義の不明点を洗い出し、講師に質問する内容をまとめるワークを実施するようにと、友野からアドバイスを受けた。

このワークは、みなが不明に思っていることを共有することで、疑問点を明らかにして、かつ心に秘めている悩みごとを他者に告げる目的があるらしい。

しかし、問題が発生した。このワークをする際にホワイトボードが必要になるのだが、台数が3台しかない。ただ、ホワイトボードは裏表使えるので、机を動かせば対応できないこともない。問題は部屋の半分ほどの机を動かすにはどうするかだ。

一度全員部屋を出ていただいて、私たちスタッフで席を移動しようかと友野に相談すると、こう助言をくれた。

「それは大変だし、時間のロスだろう。だから、みんなに役割を与えてお願いしたらいい」

友野から受けた助言の通り、机を移動してワークを始めるために、各グループでリーダーを決めて、そのリーダーにこうお願いをした。

「グループ内で机を動かす係と、ワークの準備をする係を決めてください。そのあとで書記とタイムキーパー、発表係を決めてワークをスタートしてください」

こうすると各グループのリーダーは、それぞれのメンバーに役割を振りわけた。そしてまるで全員が水を得た魚のようにテキパキと動き出し、あっという間に机の移動が終わり、ワークに入った。

そうか、自分ですべてしようとするのではなく、みんなにお願いして役割を与えるとスムーズに進むんだね。

これはノートに書いておこう。

「他の人に役割をお願いする」

「任せる」と「丸投げ」の4つの違い

新入社員のときです。頭でっかちで使い物にならないと上司にお荷物扱いをされたことがありました。

そのとき先輩から、君はこの試食品が店頭からなくなるとすぐに新しいものを出す係だと、仕事を与えられたことがありました。あまり重要ではない仕事かもしれませんが、それでも役割を与えられたことはとても嬉しいものでした。

そして今、いろいろな人に仕事をお願いする立場になって、難しいなと思うのが、役割をお願いすることです

例えば、「その人にその役割が適任なのか?」を考えること、役割の伝え方、失敗したときのフォローなど、自分でやるよりも数倍気を使います。

でも、役割を割り当てて他の人を動かすことで、自分1人ではできないことを成し遂げることができます。この習慣のある人は、自分1人では成し遂げられないことをあっさりとやってのけます。

役割をお願いすることは「任せる」ことでもありますが、よく似た言葉に「丸投げ」という言葉があります。

この2つの言葉には、違いがあります。**「任せる」にあって「丸投げ」にはない特長が**次の4つです。

- **方針を伝える**
- **任せたほうが責任を取る**
- **支援する**
- **報告を受ける**

役割を与えるときにはこの4つを押さえておきたいものです。

逆にいえばこれを押さえておかないと、人に役割を与えたとき、「厄介なことを押しつけやがって」と思われることになるのです。

すぐにチャレンジ！ 計画組織力を身につけよう

仕事を割り当てるときには、役割としてお願いをする。

4

あらかじめ「終わる時間」を決める

時間を区切ると必ず終わる

なかなかいい感じだ。ひょっとして私も友野のように講師になれるのかな？　と思った瞬間だった。

蔵前が手を挙げて「すみません。議論がまとまりそうにないので少し延長してもいいですか」と尋ねてきた。

私はとっさに「わかりました。少し延長をします」と答えた。まあ、時間は余るだろうから、と私は余裕をかましていた。しかし、10分延長してもまだ討議は終わらない。

友野が扉を開けて猫招きをするかのように私を呼んだ。

「どうしましょう。みんな終わりませんよ」

私が泣きつくと、友野は神妙な面持ちで答えた。

「時間を区切っていないからそういうことになるんだよ。今、大声で時間を区切ってごらん。するとそれまでに終わると思うよ」

「でも、時間が足りないって言われそうで。それにワークができあがっていなかったら次のワークに行けないでしょ」

「時間を区切ると必ず終わるよ。終わらないのは時間を区切っていないからだ」

私は半信半疑で教壇に上り、手を叩いた。

「ではあと5分で終了してください。延長はありません」

えーい。どうにでもなれという感じで叫んだ。

聞いているのか聞いていないのかわからないが、みなは反応も返すことなくワークを続けた。

そして5分たってアラームが鳴ると、教室はシーンと静まりかえった。

驚くことに全グループがワークを終了したようで、ホワイトボードには発表内容が書かれていた。

「ではグループで発表をしてください。第1班」

第1班が発表を始めたときに私はノートに書き込んだ。

「終わりの時間を決める」

時間に限りがあることで結論が出る

当社の取引銀行の担当者は時間通りにお越しになるのはもちろん、打ち合わせが終わる時間もほぼぴったりです。先日は5分ほどオーバーしたのですが、その際には丁寧にお詫びをなさいました。相手の時間を奪ったことに対してお詫びをされたようです。

仕事のできる人は、**打ち合わせや会議の際に必ず終わる時間を決めてから**入ります。


私たちは始まりの時間には敏感ですが、一方で終わりの時間には鈍感です。

同じ時間でも、5分遅刻するのと、5分延びるのでは、5分遅刻のほうに罪の意識があるのではないでしょうか?

　しかし実際はどちらも同じ。時間がズレたことには変わりがありません。

　会社の会議など複数の人間が参加する会合だと、終わりの時間が意識されていることはとても大切です。そうでないと、ダラダラといつまでも終わらない会議が続きます。私はそのような会議は生産性の観点から時間の浪費だと思っています。

　時間の浪費は目に見えないので罪の意識が少ないのですが、ほんの5分でも相手にとっては貴重な時間ですし、自分にとっても貴重な時間です。

　終わりの時間を明確に決める習慣を持つことは、お互いの大事な時間を守るメリットに加え、時間に限りがあることで、逆に結論が出しやすくなるメリットがあります。

　また、終了時間がはっきりしますので、その他の業務のスケジュールが効果的に組みやすくなります。

　終わる時間を決める秘訣は、逆算することです。

　まず終わる時間を決めてしまいます。そしてその時間に合わせてスケジュールを組むのです。

なぜなら、やることを積み上げていくと終わる時間はどんどん後に押して、結局終わる予定の時間には終わらない計画になってしまうのです。

すぐにチャレンジ！
計画組織力を
身につけよう

「会議や商談で終わる時間を提案する。」

5

組織を自分の考え通りに動かす秘訣

どのタイミングで意見を言ったら一番通りやすいか？

最後のグループの発表が終わりそうになったときにようやく講師が到着した。汗だくで入ってきた講師はすぐに私と交換して登壇した。

これで私の役目も終わった。そう思った瞬間、一気に力が抜けた。

慌ててぬるいウーロン茶を喉に流し込み、ルームBに移った。

みんな私が講師役をしていたことを知っていたらしく、クスクス笑っている。

いつもの席につくと、目の前ではワークが始まっていた。友野の仕切りのよい指示に従って進んでいく。一度講師役をやるとこのような見方も変わる。


私は目の前のグループのワークを観察していた。グループディスカッションと呼ばれるワークだ。あるケースに対してグループで討議し、結論を導く。

ある企業の戦略について討議をしている。どうやら個人によってさまざまな見方があるらしく、珍しく4名とも意見がわかれている。

私の関心はだれの考えが最後に通るかだった。

なぜなら私はこの手の討議が苦手で、いつも自分の考えが相手、特に複数名のグループの中では通ったためしがない。


目の前の討議は白熱している。いつものように最初は宮前がイニシアチブを取り、朝倉が宮前の意見に否定的な意見を出している。この2人の討議を小島と竹ノ内がうなずきながら聞いている。

しばらくたつと、小島が話していた。小島の説得力に宮前はいつしか黙ってうなずきだした。朝倉は小島の案に乗って話を膨らませる。まるで川の流れのようにイニシアチブは小島に移った。

「あと5分ですね」

朝倉がそう言ったときに、竹ノ内が一言言った。

「自分はみなさんの意見とは違いますが、合併は避けるべきだと思います」

話は合併で固まろうとしているときに水をかける発言だ。

終わる間際にこの発言はないだろう、小島も嫌悪感を示している。

「理由は、財務諸表の中で資金が枯渇していること、ライバル社の動向のデーターを見ると、合併することによってのメリットはほとんどなく、逆に技術流出の可能性が高いからです」

「おいおい、ちょっと待ってくれよ、竹ノ内さん」

「あ、小島さんの意見も説得力がありますよ。だからこうしたらどうですか？　両方の話を進めるっていうことで」

「え？」

小島があっけにとられると、竹ノ内はゆっくりと話した。

「小島さんが勧めているように合併の話を進めつつ、プロジェクトも極秘に進めます。ライバル社とは合併すると見せかけて、最終決断を延ばします。そうすればこの合併にどんな背景があるかわかるでしょう」

小島は腕組みをして唸っている。そしてこっくりうなずいた。

「うむ。では時間もないので竹ノ内さんの案を採用しよう。いいですか？」

竹ノ内の案が結局採用されてしまった。

なんだこの流れは……。最初、ほぼ固まりかけた結論が最後に一気に変わり、それが結論となる。

私は帰り際の竹ノ内に質問をした。

どうして最初から自分の意見を述べなかったのか？

そしてどのようにして最後にグループの結論を自分の思う通りにできたのか？

すると竹ノ内は微笑みながら言った。

「流れを見ていただけですよ。いつ自分の意見を言ったら一番通りやすいかな？って。今回は20分のワークだったので、前半に自分の意見を言ってもおそらくその通りにはいかないだろう。だから最後に自分の意見を伝えたのです」

そうか、最後に切り込む。……能ある鷹は爪を隠すってことだな。

私はノートに書き込んだ。

「最後に切り込む」

最後の結論を狙う理由

先日、グループ討論の評価者をしました。

グループ討論とは、あるケースを参加メンバーで討議して、結論をグループで出すというワークです。このワークでは、他人との関わり方や意思の伝え方、リーダーシップなどを評価します。

中でも自分の考えをグループの結論にすることができるかどうかは、評価の大きなウエイトを占めています。自分の考えをメンバーに納得させて、グループをまとめる力は実際の仕事の場でも重要だからです。

例えば、商談を自分の描いたシナリオ通りに進めて結果を出すことは、業績にも結びつきます。発生した問題を解決するためにも、相手に自分の意見を伝えてその意思通りに動いてもらう必要があります。

しかし、このワークを観察していると、多くの方が自分の言いたいことを主張しますが、グループの結論にならないことがあります。

特に討議を開始したばかりのときに先手を打って自分の考えを主張したり、意見を多く述べても、最後にはひっくり返されてしまうことはだれしも経験があるでしょう。

だからこそ、じっと力を蓄えて、後半に巻き返すことのできる方は、自分の意見をグループの中で通す力を持っているのです。

先日、ある研修を見学していました。

一流の講師の方と受講者が次々質問の受け答えを続けていました。

この講師の方が上手だなと思ったのは、**相手に言いたいことを言わせたうえで、自分の考えを最後に述べる**答え方でした。非常に説得力がありました。

関西では会話の中でみんなが「オチ」を取ろうとします。オチとは漫才や落語などで一番最後の面白い部分です。そこを取ると、今までの会話の主導権を取ったかのように喜ぶのです。

このオチを取る際に大事なのは、話の流れをよく理解し、どのようにオチをつけるかを考えて、そして、ココが一番大事です。最後を取ることです。最後を取らないと、また別のオチにひっくり返されたり、中途半端に終わってしまいます。最後とは結論です。それ以上発展しないし変更もしない結論に導くことです。当然、相手の納得も必要です。

グループの討議もオチと同じです。

討議の内容も大事ですが、何が結論になったのかが一番重要です。

だから、最後を狙う習慣がある人の意見が結論になる確率が上がります。

例えば、私は結論の出ない会議はいやなので、最後にだれかが「では次の会議で引き続き討議しましょう」と言いかけると、被せるように「もう十分討議したのでそろそろ結論を出しましょう。ここで結論が出ないのに同じ討議を別の日にしても結論なんて出ないでしょうから」と結論づけます。

このようにどこで結論づけるかのポイントを見つけて、自分の意見を告げることで、組織を自分の意思通りに動かすことができるのです。さらに、グループのメンバーからは影響力のある人物として評価され、信頼を得ることができます。


すぐにチャレンジ！

計画組織力を身につけよう

討議が終わりかけたところに自分の意見を主張してみる。

6

チームで成果を上げる能力を鍛えよう

自分が言った通りに人が動く?!

「今日はありがとうございました」

私は友野に頭を下げた。

「いやいや、上出来だったね。どうだったはじめての講師は？」

「緊張しましたよ。汗だくになるし、今までの仕事の中で一番疲れました。でも……」

友野は答えを予想しているかのようにうなずいた。

「面白かったです」

これは正直な感想だった。多くの人の前で話すことは大嫌いだが、自分が言った通りに人が動く、それが今まで味わったことのない快感であったということはうそではない。

「堂々として話すところなんて、見上げたもんだよ。声もいいし」

「やだなあ。その気になるじゃないですか？　でも個性的な受講者をあれだけ自分の思う通りに動かすって、改めて友野さんのお仕事の大変さがわかりました」

「あはは、じゃあ、それまでは、前に立って話しているだけの楽な仕事だと思われていたのかな」

「いや……」

実際にそう思っていた。偉そうに自分の話したいことを話す。それで給料がもらえる仕事、……そう思っていた。

「講師の仕事はまさに計画組織力そのものだよ」

友野は真剣に言った。

「計画組織力というのは、計画を立てて、組織を使って成果を上げる力だ。わかりやすくいうと、今日は1時間、振り返りのワークをするための計画を立てたよね。そしてそれをみんなに伝えて動いて君のミッションは成功した。今日はその計画組織力が十分発揮できたから成功したんだよ」

私はノートを開いて振り返った。

「方針を大きな声で伝える。他の人に役割をお願いする」

「そう、計画を立てるときには骨子となる方針が必要だし、計画を実行しようとしたときには役割を振りわけることが大事だね」

「一番うるさそうな人と仲よくなる」

友野はにこっとして言った。

「そうだ、今日の成功の要因で一番大きいのはそれだね」

そうだ、重要なキーパーソンだ。

「友野さん、私、親に打ち明けようと思うんです。今ここでアルバイトしていること。きっと父親から殴られるでしょう。下手すると辞めさせられて実家に連れて帰られるかもしれない」

友野は黙って聞いている。私は続けた。

「だから、まず父親に打ち明けるか、母親に打ち明けるか……、迷っています」

「今回の話の流れで言うと、重要なキーパーソンだね」

「ええ、でも面倒くさいです」

友野は「何が？」と聞き返した。

「人間関係です。親も含めて。今は自分だけで生きているので、だれとも関わりたくないし、面倒くさいです」

「それは違うんじゃないかな、君が面倒くさいと感じているのは、人と関われない自分に対してじゃないか」

私は思い切って伝えた。

「人と関わる能力が私にはありませんから」

言っちゃった。これは自分の中で一番他人に言いたくない部分だ。

「ふむ、君は今日全員年上の人たちをまとめて、大きな気づきを作ったよね。だから力はあるんだよ。でもそれを使うかどうかは君が決めることだ。１人でやってもいいし、力を使ってもいい」

友野はそう言うとキャリーバッグを持って出口に向かった。

その後姿を見ながら私は決心をした。

思考の習慣 8

「自分がなんとかしよう」

当事者意識

1

自分から名刺交換をする

相手からを待っていないか？

季節は夏だ。冷房もキンキンに冷やす。

冷やすといえば、昨日まで冷やしていた右の頬はようやく腫れが引いた。

就職して3か月で会社を辞め、アルバイトをしていることを母親に話したが、それを知った父親から実家に呼ばれ、思い切り殴られた。母親は父親の足にすがり泣きじゃくる。修羅場だった。でもいつかこうなることはわかっていた。

友達にも打ち明けた。しかしラインに返信がない。自分が友人の立場であってもどう返していいかわからないだろう。これも、こうなるだろうとわかっていた。

でも、ようやく本当の自分に戻れたような気がした。

室温を24度にし、ひんやりさせておく。

受講生の方はそんな私の苦労も知らずに、部屋に入ってくると「やっぱ冷房はいいよね」なんて言っている。

ルームDは講義を間もなく開始する。私は活気が出ることを少し楽しみにしていたが見事に裏切られた。

今日のルームDは席替えを行ったのだ。もう5回ほど同じメンバーでワークをやっているので、そろそろメンバーチェンジをしてはどうか提案したのだ。

しかし、ルームDではみないつもと同じように無表情で入室し、自分の席札がついている場所にそっと座る。その際にかすかに頭を下げる人はいいほうで、座った瞬間にスマホをいじる人が大半だ。これでは席替えしたのにあまり雰囲気が変わらない。

ルームBも席替えを行った。

予告なしのサプライズだったので、入室する受講生は驚きながらもどこか楽しそうだ。

そして続々と受講生が集まってきたときに私はルームDとの大きな違いを見つけた。

ルームBでは名刺交換が始まったのだ。ほぼ全員が名刺を交換し挨拶をしている。別に名刺交換をしてくれと言ったわけではないのに。

そうか……、これが違いか……。

「自分から名刺交換を始める」

自分から行動することが成果を引き寄せる

私は名刺交換のやり方を会社できちんと教育してもらったことはありません。なぜなら、入社したときはスーパーの精肉の職人でしたので、名刺がなかったのです。

名刺を持ったのは企画部門に転属になり、役職がついたときです。はじめてもらった名刺を友人にトランプのように配ったのを覚えています。

取引先から名刺交換を求められて、どのようにすればいいかまったくわからず、迷いました。そこで、先輩に名刺交換の方法を教えてもらいました。

名刺はビジネスの必需品で、自分がどんな会社のどのよう役割を担っているのかを示します。名刺交換は、そこから会話が弾んで信頼を構築する大事な行動であることは多くの方が知っています。

しかし、実際に名刺を持っていても自ら名刺交換を始める人はそれほど多くありません。

名刺は出されたら、返すものと捉えている方が多いのです。

意味のない名刺交換はしないだとか、名刺も経費だから有意義に使うなんてことをおっしゃる方もいました。

ただ、**名刺交換ができない人は仕事ができない**と言い切ることができます。自ら主体性を持って行動をしないことだからです。

例えば職場で、「だれか、この仕事をお願いできないか」と上司が言ったとき、自ら名刺交換のできないタイプの人は「だれかがやってくれる」と考えるでしょう。また、異業種交流会でも「だれかが話しかけてきたら話そう」と考えます。

自ら名刺交換をする習慣のある方は、相手に好印象を与えるのに加えて、人間関係を構築しやすくなり、ゆくゆくは豊富な人脈を作り上げることができるのです。

相手から……を待つより、自分から行動することが大きな成果を手に入れるかどうかをわけるといってもいいでしょう。

すぐにチャレンジ！
当事者意識を
身につけよう

相手より先に名刺を渡す。

2

どうせやるなら自分から願い出たほうがうまくいく

自ら役割を受けるか、関わらないようにするか

私の前のグループのメンバーも入れ替わった。

竹ノ内と朝倉はそのままだが、三枝博文というデザイナーのような出で立ちの30代後半の男性、そして大峰義馬という30歳くらいの大柄な男性が新たに加わった。

三枝はマーケティング会社の幹部らしく、ホームページ作成からイベントの企画立案などをしているそうだ。大峰は、MLという外資系自動車ディーラーの営業所長らしい。なんでも日本一に3回なったそうだ。

この4人がどのようなワークをするのか楽しみだ。

早速ワークが始まった。今日はビジョンを作るというお題らしい。

何やらまた難しい言葉だが、友野がいうにはビジョンがないと将来の計画が立てられな

いらしい。簡単にいうと自分軸のことか。

まず最初のワークは自分のグループの運営のイメージをホワイトボードに描くこと。実はグループとは面白いもので、回を重ねるごとに進め方や役割、ルールができてくる。

例えば、全員が参画して進めるグループもあれば、だれかがリーダーシップを取って進めるグループもある。

目の前のグループでは、竹ノ内と朝倉は、今までのグループの進め方をベースに、全員の意見をとことんまでぶつけ合い、協調して結論を出す方向を提案している。一方で三枝と大峰は、今までのやり方を根底から変えて、リーダーを決めて、そのリーダーに決定権を与えることでスピードを重視する方法を提案し、意見がぶつかり合っている。

双方の言い分が徐々に擦り合わされて「協調しつつ革新する」という路線になりつつあったが、文章で表現しにくいということで、三枝がこう提案した。

「じゃ、こういうのはどうですか？　文字を使わないで絵で表現する」

大峰は腕組みしながらうなずいた。

「いいですね。そのほうが伝わるんじゃないですか？」

一方で朝倉は慎重な面持ちだ。

「でも、それって難しいような……」

竹ノ内が結論をまとめる。

「自分は絵のほうが伝わると思います」

三枝が満足そうに言った。

「よし決まった。じゃあ、まず下絵を描きたいね。模造紙がいるね。あと……、色ももうちょっとあったほうがいいね」

竹ノ内が言った。

「じゃあ、自分が模造紙と色サインペンを調達しますよ」

「ありがとうございます。では私が下絵を描きますよ」

三枝が言うと、朝倉は恥ずかしそうに言った。

「何かキャラクターが必要なら……私、少し得意なのでやります」

一気に役割が決まり、動き出した。

私は席を立ち、ルームDに向かう。空調をチェックして、ふと部屋を見るとワークの発表が始まっていた。

面白い光景が見えた。自分の席についたままの発表なので、マイクが隣のグループから回ってきたのだが、「いやいや、私は口下手ですので」などと言い、それをぐるぐるメンバーの間で回しているのだ。

そのときに気がついた。

ルームBとDの違いは、「自ら役割を受ける」か「関わらないか」にある。そうか……。

私はノートに書き込んだ。

「自分から仕事を取っていく」

自分に適した仕事を手に入れて、成功するヒント

前の章で役割を与えるという習慣について書きましたが（224ページ）、ここでは自ら役割を引き受けるというお話をしましょう。

私は何かをするときに役割を与えられるより、自ら役割を作ることで自分のモチベー

ションを保つことができると思います。

学生時代はゼミで会計係を引き受けました。

ところが、私は細かい作業が苦手です。集中力がないのでしょう。資料を準備したり、会議室を確保したり、ましてや片づけたりすることも苦手です。だから会計係も、私はリーダーとなり、細かい計算や勘定はもう1人の会計係にお願いしました。

友人と旅行をするときには計画を作る係を買って出ました。自分の苦手と得意を心得ていましたから、早めに得意な役割を確保して、自分の得意な分野で活躍したかったのです。

研修の中でグループワークをするときにはリーダーを決めてもらいます。決めてもらうというより自然と決まるのですが、この決まり方が非常に興味深いのです。

自然な流れで自発的にリーダーができたグループは、アウトプットが明確で有意義なワークを行います。逆にみんなからリーダーを指名されたグループは、うまくいかないケースがあります。

その理由の1つはリーダーとしての適性です。リーダーシップを発揮されないリーダーだと、グループの終わりにはリーダーが変わってしまっていることもよくあります。

もう1つは、自らが手を挙げた役割でないとき、「やらされ感」があり、モチベーションが保てないのです。


つまり、どうせやるなら**自分から願い出たほうが仕事はうまくいく**のです。

この習慣を持っている方は、何かを集団でやろうとしたときに自ら役割を買って出ます。

その結果、自分に適した仕事を手に入れた上、役割を確実に遂行する確率が高くなります。


先日当社に採用面接でお越しになられた方がいましたが、その方は当社で「大学生に向けてインバスケットを普及する役割をしたい」と明確におっしゃっていました。

すごいなあ、と思いました。多くの面接者が「この会社に入りたい」と訴えるのに対し、この方は、具体的な役割が欲しいと訴えられたのです。

なんでもできます、なんでもやりますというよりも「これをやりたい」、そう伝えられると嬉しいですね。

すぐにチャレンジ！当事者意識を身につけよう

自ら役割を買って出る。

3

「仕事のプロ」という意識を持とう

なぜそんなにそこにこだわるのか？

目の前のグループの発表内容が徐々にできあがる。

1人ひとりの役割がはっきりしているグループは、本当にあっという間に形ができてくる。これが会社なのだな、と思った。私がかつて入社した会社は、役割はあるが、たらい回しは常態化しており、回ってくるたらいをどう効率的に回すかばかり考えていた。

かなり凝った発表になりそうだ。ホワイトボードには模造紙に描かれたカラフルな魚の絵、そして雑誌から切り抜いた見出しなどが貼られていく。

「あっ、しまった！」

朝倉が嘆く。竹ノ内が尋ねる。

「どうかしました……？」

朝倉は真剣な表情で竹ノ内に訴えるように言った。

「ここ、変ですよね。笑っているように見えますすよね」

「正直、そう見えますね」

「私、描き直します。すみません」

そう言うと、朝倉は模造紙を外す。

「浅倉さん、いいんじゃないですか。大したことではないし」

竹ノ内の言葉に浅倉は厳しい目で言った。

「ダメです。これでも一応プロのつもりですから」

竹ノ内はその言葉を聞いて、模造紙を外すのを手伝った。

三枝がホワイトボードの別の部分を見ながら、大峰に言った。

「どうもしっくりきませんね」

「そうですか……、いいんじゃないですか」

「いや、そうはいきません。これでも職人なんで」

「そうですよね、三枝さんは本職ですものね」

なぜ、どうでもいいところにそれだけこだわるのか？

職人、プロ……、自分を奮い立たせる言葉なのか？

私はノートに書き込んだ。


「自分のことをプロだと言う」

報酬は自分の成果に対して得る！

プロとアマの違いは何か？

このような質問にみなさんだったらどのように答えますか？

プロは報酬をもらうこと。

プロは能力が高いこと。

もちろん間違いではありません。しかし、決定的な違いはプロは自分のことを「プロ」だと思っていること。つまり意識です。

プロは1つひとつの行動の意味や重要性を知っています。

たとえ、素人にはわからないところでも手を抜きません。例えば電気配線やシステム設計などは見えないところだからこそ、重要だと考えている方も多いのです。

プロは自分をコントロールできます。

プロといえども人間ですから、感情もあります。辛いときも悲しいときもありますが、プロとしての仕事をするときにはそれらをコントロールできるだけの力を持っています。もっとやりたい、という感情でさえコントロールできるのです。これは止めどころを知るということです。

例えば、私は講師として限られた時間で、受講生に多くの気づきを与えることが求められています。だからと言って、やたらにスライドを増やしたり、多くの言葉を発すると、時間オーバーになるし、時間内に収まったとしても受講生が消化不良に陥ります。

プロは成長をしていきます。

自分がプロという意識があれば、もっと技術を高めたい、もっとよいものを作りたいと常々考えます。その意識が成長を加速させるのです。

では私たちは何のプロでしょうか？　専門分野のプロである一方で、仕事のプロです。より短い時間でより高い成果を生み出すプロです。

給料はプロの仕事の報酬なのです。残業をダラダラして報酬を得るのではなく、自分の成果に対して報酬を得ると考えるのがプロなのです。

すぐにチャレンジ！
当事者意識を
身につけよう

「プロ」という言葉を使ってみる。

4

「自分がやるしかない」が変革をもたらす

これが一流と二流の差？

今日のワークの発表が終わった。

ビジョンが明確にならないと、何をやっていてもそれは目的がないゲームのようなもので、自分の軸を作ることとの重要性がよくわかった。発表を聞いていても、ビジョンが不明確だと何やら雲をつかむような感触だった。

ルームDがルームBより30分早く終わる。

私はルームDの片づけを行う。飲み干したペットボトル、消しゴムのカス、中には配られたテキストまで放置されている。

あとは、机の上に無造作に置かれたアンケートを集め、人数分あるかを確認する。

今日は机の移動もあり、それを元に戻して今度はルームBに行くと、すでにセミナー終了から30分がたっていた。ルームBは電気が消されていた。

ホワイトボードも消されて、机の上には驚くことにゴミがほとんどなく、アンケートは机の上にまとめられていた。

友野がやってくれたのかと机に整頓されたアンケートを手に取った瞬間に、ドアが突然開いた。

「あ、ごめんなさい。傘を忘れてしまいました」

三枝だった。私が傘置きを見ると、赤と黄色などの、婦人用かと見間違うカラフルな傘が1本刺さっていた。かなり個性的だ。

三枝は傘を抜き取ると、私が持っているアンケートを見てこう言った。

「あ、それまとめておいてよかったですか」

「え、これ三枝さんがまとめてくれたんですか」

「自分だけじゃないですよ。他の方も集めていたので」

「すみません。でも置いておいてくれればよかったんですよ」

私がお礼を言うと、はにかんだ笑顔でドアを開けて帰った。

何が違うんだろう？　自分が飲んだペットボトルをそのまま置いて帰ってしまう部屋と、本来ほかの人がやることまでやってくれている部屋の違い。
これは一流の習慣なのか？

「片づけをして帰る」

自分で自分を変えることのできる人のタイプ

みなさんは一人暮らしの経験があるでしょうか？
一人暮らしをすると、すべてを自分でしなければならないですし、自分で決めることが多いことに改めて気づかされます。
困ったことや壁にぶつかるようなことがあったとき、「だれかがやってくれないかな」と思っても、結局は自分がしなければなりません。そこで自発的に動き出します。
一方職場では、困ったことがあってもどこか、「だれかがやってくれる」という意識があるのではないでしょうか？

自分しかいないと思う習慣を持っている人は、どのような状態でも**「自分がやるしかない」**という意識を持って、自主的に行動をします。例えば、トイレを出る際に電気を消したり、レストランで食べ終わったテーブルの上にゴミがあるとまとめるなどの行動をします。

自分でやるしかないという意識を持っている方は、強い精神力でさまざまな障害やストレスに打ち勝っていきます。

どんなスランプでも短期間で脱出できるのも「自分でやるしかない」という意識です。

私は研修でさまざまなことをお伝えするのですが、実は自分で自分を変えることができるのは間違いなく、このタイプの方だけです。私がいろいろ助言をしたり、感動を呼ぶお話をしたとしても、**自分を変えることができるのは自分だけ、**決して他人にはできないのです。

「だれかがやってくれるだろう」は甘えです。幻想です。周りにあなたの支援者がいたとしても、周りに依存し過ぎてはいけません。自分がやることでしか結果は変わりません。

変革の一歩は「自分がやるしかない」と思えるかどうかなのです。

すぐにチャレンジ！
当事者意識を
身につけよう

今までだれかに頼っていたことを自分自身で行う。

5

「他人がなんとかしてくれる」では成長できない

自分の道は自分で切り開く

部屋の片づけチェックリストに記入するために講師席に行くと、椅子の上に黒いカバンが置いてある。友野のものだ。

友野の姿はない。カバンを忘れたのだろうか？　私はカバンを持ち、事務所に向かった。

「あの、友野先生は見えられましたか？」

屋敷に聞くと、

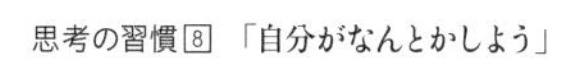

「知らねえな。でもまだ、退室のサインはもらっていないからいるんじゃねーの」

まだいるのか？　私は友野の携帯番号に電話をかける。呼び出し音は鳴るが、出ない。

何か起きたのか？　念のためにフロア内を見回る。

男子トイレに入ると、嗚咽が聞こえる。まさか……。友野か……。

私はその嗚咽の凄さに声をかけることができず、トイレの外で待っていた。

すると、しばらくすると、生気の失せた友野が壁伝いに歩いてきた。

「友野さん、大丈夫ですか」

私は友野を支えようとした。友野は無理に笑いを作り、

「悪い悪い、ちょっと調子が悪くてね。でも大丈夫だよ」

そう言うと、私が持っている黒いカバンを見た。

「持ってきてくれたんだね」

「ええ、友野さん、顔色悪いですよ。本当に大丈夫ですか？　病院に……」

「いやいや、大丈夫。ところで今日は収穫はあったかい？」

私は本日記したノートを見せた。

友野はスポーツドリンクを2口飲んだ後に、新たに書いた場所をトントンと叩きながら
言った。

「今日は当事者意識を学んだね」

「当事者意識ですか？」

「ああ、責任感のようなものだ。主体性ともいう」

私が不可解な顔をしていると友野は補足をした。

「つまり、自分自身で考えるという行動かな」

「よくわからないのですが、自分で考えるってあたりまえじゃないですか」

「そう考えることができるのは当事者意識があるからだ。例えばこう考えるといい。私たちは決められた教育を受けて、卒業すれば、決められた仕事を割り当てられる。いろいろな相談窓口があり、いろいろな指示を出され、仕事をする」

「ええ」

「そのうちに、決められた仕事以外はすべて他人がやってくれるものだ、という意識が生まれ、だんだんに、これは自分がするべきことではない、に変わる」

「はい」

「そうすると、何か失敗しても、〝他人のせい〟になり、失敗が正当化され、能力は使われないので退化する」

友野の話はまるで屋敷をたとえているように思えた。

「だから当事者意識は失ってはいけない」

「でも、私にも当事者意識はありません」

「ははは、君にも当事者意識はあるよ。だって私を探しに来てくれたんだろう。放置しておいて時間になったら帰ってもよかったわけだし」

そう言われればそうだ。自分が何とかしなければならないと思って友野を探したのだ。

「それに君のアシスタントとしての仕事にはプロ意識を感じるよ。これも当事者意識だ」

友野は飲み干したスポーツドリンクのボトルを自販機の横のゴミ箱に入れた。

「当事者意識があれば、自分の道を自分で切り開くことができる」

友野はこの言葉を残して、私にノートを返した。

思考の習慣 9

「本当に その関わり方でいいのか」

ヒューマンスキル

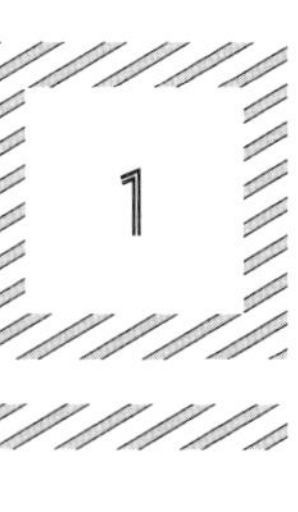

話すより聞く態度がものを言う

相手の話が終わるまで言葉をはさまない

親から実家に戻るように命令された。しかし私はそれを拒否した。親子の縁を切ると言われた。代々教師の家系である柚木家の恥だとも言われた。

親の意見が正しいと思う。このままここでアルバイトをしていてどうなるのか？　でも、答えが1つも出せないまま東京を去るのは人生の敗北を意味すると思った。

敗北と言えば、ルームBのメンバーは敗北を知らない。全員が初回からずっと出席を続けているのだ。

ルームDは2割の方が脱落した。ルームBはなんと全員がそのまま参加している。

どちらもほぼ同じ時間帯での開催ではあるが、ルームBのほうがカリキュラム的にも難易度が高く、事前課題である宿題も多い。

厳しいコースは全員生き残り、比較的優しいコースのほうが脱落率が高いという不可思議なことが起きている。

今日はそれがなぜかを観察したいと思う。

私の仮説はこうだ。講師の差。講師がよいからみんなやめずについてくる。ルームDの講師が悪いわけではないが、友野の講義は私が見ていても引き込まれる。だからみんなやめないのだ。

しかし、そうとも言えないことに気づいたのは、午後になってからであった。

両方の部屋ともワークが始まったのだが、受講生の顔つきが違った。ルームDはみんな苦しそうな顔をしているか、怒っているか、無関心な顔をしているかだ。ルームBは真剣だが、どこか楽しげだ。ここに講師の影響は関係ない。

私はワークの中でのやり取りに注目してみた。

ルームDから見る。

こんな会話が飛び込んできた。

「僕の考えでは、部下に任せきっていいと思いますが……」

「でも、部下が失敗したらどうするんですか、それより……」

「失敗を恐れていたら、ずっと任せることなんてできないと思いますよ」

お互いが相手の言葉に重ねるように自分の考えを主張している。


ルームBを見る。

目の前のグループでは、竹ノ内が自分の考えをメンバーに告げている。

そのときに気がついた。ルームDとの決定的な違いを。相手の話がきちんと終わるまで、ルームBのメンバーはうなずいて聞いているのだ。相手の言葉を聞かずに、自分の考えを主張するルームDとの違いが鮮明だ。

私はノートに書き込んだ。


「相手の話をうなずいて聞く」

これが対人関係力の基本

企業の昇格試験は一般的にいくつかのテストを組み合わせて行います。インバスケット

とグループ討議といった組み合わせです。グループ討議では、7人から8人くらいのグループに、あるケースを渡して討議をしてもらいます。

みんな合格しようと積極的に発言をされますが、受験者が思う合格のポイントと、評価者の評価のポイントに大きなずれがあります。

それは「多く発言すれば合格する」と受験者が思っているのに対して、実際の評価のポイントは口数の多さではなく、**「話をきちんと聞くことができる」**だからです。

評価者は、相手の話している内容を理解して聞いている、またはうなずきながら聞いている、わからない点は質問している、など、話すよりも聞いている態度をよく観察します。

相手の話を遮って自分の考えを主張したり、相手が話をしているにもかかわらず、自分が次に話したいことを考えていてまったく聞いていなかったり、自分の聞きたいことだけを聞いていたりするのが実際なのです。

話を聞くということは案外と難しく、伝えるより聞く方が難しいと言えるでしょう。

だからこそ、**傾聴の習慣を持つ方は会話が上手**で、周りから信頼されます。相手の話をきちんと理解するので、相手からの信頼感を得やすいのに加えて、誤解や勘違いなどが少なく、会話がスムーズになります。

相手の話を聞くという行動は、対人関係力の基本です。相手の言いたいことを聞いた上で自分の伝えたいことを言う習慣をつけたいものです。

すぐにチャレンジ！ヒューマンスキルを身につけよう

相手が話し終わるまで聞く。

2

感謝の言葉を口癖にしよう

黙って受け取っていませんか？

相手の話を聞くのは私も苦手だ。母親の長い説教に何度も耳を塞いだし、友人が話している内容を腕組みしてまったく聞いていないこともある。以前つき合っていた彼女とも「きちんと話を聞いてくれない」という理由で破局したことがある。

正直、干渉してほしくないという気持ちが、相手の話をまったく聞かない行動になっていたのかもしれない。

しかし、人の話を聞くということは思ったより難しい。私もどちらかというとルームDでの会話に近いことをしてきた。


「では配布してください」

私はぼーっとしていたので、ルームDの講師の合図で我に返った。慌ててプリントを各グループに配る。事前にグループの人数にわけたプリントを、グループのだれかに渡せば、自然といきわたる。プリントを受け取った人は、無表情で1枚取って残りを横の人に渡す。


配り終わるとすぐにルームBに行く。

この部屋でも友野の指示で配布しなければならない。配布にもコツがあり、極力短い時間ですまさないと講義時間が延びてしまう。

「ではお願いします」

友野の指示と同時に、各グループに同じように配布をしていく。

「これお願いします」と渡す。

「ありがとうございます」と朝倉が返した。

私ははっとした。他のグループでもプリントを受け取ると、「どうも」だとか「恐れ入ります」などと言葉が返ってくる。これはルームDではなかった行動だ。

私はノートに書き込んだ。

「お礼を言う」

もし、すべてを自分がしなければならないとしたら……

感謝の言葉を告げる習慣はとても素敵です。
先日、ポケットティッシュを配っている男の子がいました。私は少し急いでいましたので、差し出されるティッシュを受け取らず、気がつかないふりですり抜けました。でも、後ろを歩いていたおじさんは、「ありがとう」と言っていました。
ティッシュを受け取ったのかと思って振り返ると、私と同じように受け取っていません。
その言葉を聞いたときに、自分に言われた言葉ではないのにほっとしたと同時に、自分の心の狭さを痛感しました。

いつもの自分ならお礼は言ったのに、なぜ言えなかったのか？　少し考えてみて、わかったことがありました。自分本位になっていたのです。

あのときは急いでいました。「こんな忙しいのに」と内心思っていたから感謝ができなかったのでしょう。そして、このケースだけではなく、同じようなことは実際の生活や仕事の中でもあるかもしれないと思って、恐ろしさを感じました。

普段から感謝の気持ちを表す習慣を持つ人は、忙しくても、辛いときでも感謝の言葉をまるで口癖のように伝えることができます。感謝の気持ちを伝えられた方は存在価値を認められたと思い嬉しいですし、この人のために次もまた喜ぶことをやってあげようと思い、信頼関係が築けます。

私たちが感謝を忘れがちになるのは、多くの場合、その行動を「あたりまえ」と思っているときです。

タクシーが目的地まで運んでくれること、レストランで頼んだ料理が出てくること、周りの方があなたの仕事を手伝ってくれること……、これらを「あたりまえ」だと思うと感謝の気持ちは出てきません。

だからこそ、もしその存在がなかったら、もし、すべて自分がしなければならないのなら、どうでしょう。感謝の気持ちが生まれてくるのではないでしょうか？

すぐにチャレンジ！ヒューマンスキルを身につけよう

「「ありがとう」をいつも言っていない人に言う。」

3

話の引き出しを増やす3つのコツ

どんな話題でも話すことができる

私はなんとなくわかってきた。ルームBをやめる人がいないのは、講師の影響だけではなく、人と人の関係、つまり人間関係の差のような気がしてきた。

私が3か月で退職したのも、仕事が嫌だという理由ではあったが、実際はそうではなく、その職場の人間関係になじめなかったのだ。仲間がいれば厳しい仕事でも乗り越えることができるが、自分が必要とされない、または仲間のいない職場では、どんなに簡単な仕事であっても続けられない。

だから、人間と人間とのつながりは重要なのだ。

しかし、私は人づき合いは苦手だ。周りが楽しそうに会話をしていても、自分はなかなかその輪に入れない。それがトラウマになって、そんな場を避けるようになっていた。

だからこそ、ルームBの人たちの会話から気づかされる点がある。即興力というか、突然会話を振られても平然と話すことのできる力に秀でているという点だ。

今、大峰が友野に当てられて、自分が人にして喜んでもらったことについて質問されている。

大峰はゆっくりと立ち上がりジョーク交じりで答えた。室内は爆笑だ。その上できちんと答える。この余裕はどこから来るのだろう。

ルームDに出向く。

だれかが質問をされる瞬間を今か、今かと待っていたが、ようやく講師が目の前の女性を当てた。

「野本さん、この件について考えを教えてください」

するとすぐにその女性は答えた。

「わかりません」

講師は戸惑いながら、「では右にお座りの村上さん、よろしくお願いします」と言った。

右の男性は苦笑いしながら、手を横に振る。

これは余裕があるか、ないかの差だと思う。なぜなら、質問自体は私でも答えることのできる内容だったからだ。

私はノートに書き込んだ。

「余裕をもっている」

人づき合いの余裕はこうして生まれる

余裕のある話し方は相手に安心感を与えます。

この項では会話や対人関係においての余裕についてお話しします。

対人関係の余裕は、その方の「引き出し」の数に比例します。

例えば、先日ある若手講師が受講生から質問を受けました。持っている知識をフルにつなげて答えていましたが、詰まりながら、そして考えながら話しているので、言っていることは正しくても、聞いているほうには不安が生まれます。

100知って1話すと信頼感が生まれます。でも10知っていて10を話すと、まるでガソリン切れの車のように不安定になります。

このように書くと雑学を含めて多くの知識を得るといいのかと思われるかもしれませんが、そうではありません。使える知識でないと意味がないのです。

イメージで言うと、いつ出してもいいように、引き出しにきちんと整理された状態の知識です。決してごちゃごちゃに入れられて、開かない引き出しではありません。

もう1つ別の講師の方の事例です。

この方も質問を受けました。多くの知識を持たれているのか、難しい単語を並べて答えています。しかし、受講者の反応はいまひとつ。知識をマシンガンのようにくり出しても、相手には伝わらないのです。

このような場合は「たとえ」の引き出しが足りません。

私も「たとえ」をよく使いますが、これは理解しくいことを、聞き手が体験したことにかぶせて説明することです。例えば、「情報共有」という単語を伝えて理解できないようであれば、「メールで言うとＣＣですね」と言えば理解しやすくなります。

ではどうすれば引き出しを多く持つことができるのでしょうか？

まず、この習慣を持つ人には**「メモ」を取る習慣**があります。メモは耳や目から入ってきた情報を一度書くことでアウトプットするので、知らず知らずのうちに知識になります。

次に、何かを話すときには**いくつかの仮定をする**ことです。

まったく同じ内容を話しても、受ける場所と受けない場所があります。人によっても違います。だから、同じ話を伝えるたとえもいくつか持っておきます。

最後に**相手の視点に立つ**ことです。

相手がゴルフをしないのにゴルフのたとえをしても伝わりません。

肉を食べない人に、おいしい焼肉屋さんのお話をしても面白くありません。

だから、相手の視点に立ったときに、どの引き出しの話が興味を引くのかと考えるのです。

放っておいて自然と引き出しが多くなるわけではありませんから、心がけて作ることが大事です。

その引き出しを作る習慣を持てば、必然的に余裕が生まれて、相手に安心感を与えることができるのです。

すぐにチャレンジ！
ヒューマンスキルを
身につけよう

伝えたいことを言った後に、たとえ話を入れる。

4 あなたを応援してくれる人の作り方

1人で仕事はできない

今日の講義が終わった。

友野はだれもいなくなったルームBで、講師席に座って私のノートを読んでいる。

「いいところに気がついたね。これらはヒューマンスキルといい、対人関係能力と呼ぶんだよ」

「あの……、ご質問したいのですが……。人に関わらない仕事ってないですか?」

友野は目を見開き私を見つめた。

「私はやはりこの部屋の受講生のようになれないです。あれだけうまく話せませんし、引き出しも多くありません。何より人と関わることがすごく苦手です」

「それは苦手でなく、逃げているだけじゃないのかな?」

私は逃げているという言葉にムッとしたが、反論せずに黙って友野の目を見つめた。

「なぜなら、君はかなり成長したよ。対人関係能力もついてきた。だって私は君と話すのが大好きだよ。それに引き出しも多くなったじゃないか」

「え……、そんなことはありません」

「君はできる人だよ。でも逃げている限りそれがわからないし、後悔しつづける」

「後悔ですか。私はしないと思いますよ。だってせいせいしますから」

友野はその言葉を聞いて押し黙った。

「あの……。何か悪いことを言いましたか?」

「いや……、君はご両親のこともそう思っているのかい」

「両親……、そうですね。いや、両親だけではありません。友人も、僕に口出しをする人間すべていなくなったらせいせいしますよ」

調子に乗ってすごいことを言ってしまったな、と気づいたのは友野の怒りに満ちた顔を見たときだ。

「君は何もわかっていない。君を思ってくれる人がどれだけ君を心配しているか。特にご両親に対してそのような言いぐさはないだろう」

「友野先生まで、私のことをそんなふうに言うのですか？」

売り言葉に買い言葉で感情をあらわにして言ってしまった。

「君はせいせいする、と言うが、その人たちがいなくなったら、君は今の言葉を後悔するだろう」

「なぜ、そう言い切れるのですか」

「今の僕がそうだからだよ」

私はわからなくなった。何を友野は言っているのか？

「友野さんはご両親をどう思っているのですか」

「私の父は私が小学校6年生の頃に亡くなったよ。母も……、先週、亡くなった」

「え……、先週？　何曜日ですか」

「土曜の朝に他界した。だれも付き添えなかった。母は私を育てるのにどれだけ苦労したか言葉では言い表されない。私はだから、母にはせめていい施設に入ってもらおうとがむしゃらに仕事をした。ようやくいい施設が見つかって引っ越しを翌日にひかえた日のことだった」

「土曜って、友野さん、ここで仕事をしていたじゃないですか」

　私は自分の言葉にはっとした。あの研修後の嗚咽は、我慢しきった友野の悲しみがあふれ出した声だったのだ。研修中は自分の母親の死などまったく感じさせなかったのは、講師としての仕事を完遂する友野のプロ意識だったのだろう。

「冷酷だろ……、私もはじめてこの仕事を恨んだよ。たくさん伝えたかったことがあったのに、もうどこに行っても永遠にいなくなってしまった。きっと母も冷酷な息子だと思っただろうね。せめて最後に、言葉を交わしたかった。でも、もういないんだよ。どこに行っても、いつまでも」

　一瞬、友野の瞳が潤んだようだったが、またいつもの表情を取り戻し、私のノートを開き、目を細めながら言った。

「すべては人だからさ。いい判断をし、いい計画を作っても1人で仕事はできない。このヒューマンスキルは君を応援してくれる人を作る力なんだよ」

しかし、友野の目は私を見ていなかった。私を軽蔑したのか？　それとも他のだれかに言葉を向けているのか？

いや、私に対して言っているのだ。真摯に向き合う人が目の前にいることがわかり、私も心の扉をすべて解放し、友野に尋ねた。

「あの……。来週講義最終回ですよね……」

「そうだね」

「実は親から実家に戻るように言われていまして、でも帰ることは私にとっての負けで……。どうしたらいいですか？」

「それは私の問題じゃなく君の問題だよ。だから君が決めるべきだ」

「負けたくないんです。だから友野さんのアシスタントを続けて勉強させてくれませんか」

友野は即座に首を横に振った。

首を横に振る友野に、私は無理やりに笑って言ってやった。

「ですよね」

思考の習慣 10

「自分の道を進むために何をすべきか」

成長力

1

学んだことを実践しよう

覚えることと使えることは違う

最終日は雨だった。低い雲が遠くに見えるスカイツリーを半分ほど隠している。

友野はいつも通りに講義を開始した。

この人は本当に感情を出さない。最終日だというのに、いつも通りたんたんと話を進めている。


しかし、受講生は興奮している。ルームDは「もうこれで来なくてよくなる」とか「長かった」と口々につぶやいている。何やら監獄を出所するようなありさまだ。

ルームBでは、竹ノ内が、これまでのノートだろうか、3冊を取り出した。

「自分はまだまだ勉強したい……と昨日考えていましたよ」

浅倉もうなずきながら答えた。

「私も同じことを考えていました。覚えることと、実際使うことは違いますからね。おそらくそれがわかるのがこれからなんですよね」

ルームBでは他のメンバーも同じように、「これからが本番」といった内容のことを話している。

そうか、私もどこか、この講座でいろいろなことを学び、大きくなったと勘違いしていたが、大事なのはこれからか……。

私はノートに書き込んだ。

「これからが本番だと思う」

アウトプットしてこそ完了だ

私が研究しているインバスケットというツールは、何かを学ぶためのツールではなく、今まで身につけた知識やスキルが実際使えるかを測定するツールです。

例えば、分析の手法にMECE《ミーシー》があります。これは簡単にいうと「**抜け漏れなく、ダブりなく**」分析するための手法です。

このMECEを頭で理解していても、実際の現場での分析は抜け漏れだらけということがよくあります。

これは**インプットとアウトプット**の違いです。

私自身も多くのことを研修や本で学びましたが、テキストや本をしばらくたってから見返すと、知っているけどできないことがたくさんあります。そしてそれは、本当にやってできないのではなく、多くは使っていないのです。

ですから、インプットされたことをアウトプットに変換する習慣は非常に大事です。

この習慣を持つ人は**研修で学んだことを現場で実践**することができます。実践することで本当の自分の力になり、わかっただけで終わりではない、真に使える知識や技法をさまざま身につけていきます。こうしてさらにレベルアップしていくのです。

本も読み終わったら終わりではなく、そこからスタートです。

研修も終了時間が来たら終わりではなく、すぐに実践が始まるのです。

私は仕事柄、昇格試験に携わることが多く、ある光景をよく見かけます。

それは、合格して喜んでいる受験生の姿です。

もちろん頑張ってのことですから、試験の突破は嬉しいでしょう。しかし、そこで終わりではなく、むしろそこからが本番なのです。

これをわかっている方は、喜びもつかの間ですぐに次の勉強を始めます。昇格試験は、昇格した後に必要な知識やスキルを試すものであり、それを活用するのはこれからだからです。

インプットが終わりではなく、アウトプットしてはじめて終わりだと捉えてほしいと思います。

すぐにチャレンジ！
成長力を
身につけよう

「読んだ本のどこかを実際にやってみる。」

挑戦の回数が多い人が成功する

失敗を怖れない

ルームBの最後の講義のテーマは「今からの地図を作る」。

今まで学んだことを自分のこれからの計画にどのように活かしていくのか、マップを作るようだ。受講生はここ1週間、この発表のために自宅で資料を作成してきたらしい。

ルームDでは「今後の仕事に活かすこと」がテーマだ。同じように事前に課題が出されており、この部屋でも発表資料の見せ合いが始まっていた。

「おお、こんなに作ったの……。私はこれしか作っていないよ」

「とにかくダメ出しを受けたから、数だけは増やそうと思って……」

このような会話が続いている中で気になる一言が耳に入ってきた。

「私？　講師に見せていないよ。だってやり直しが面倒じゃない」

今までの講義の成果発表が〝面倒くさい〟とは……まったく何を学んできたのか？

ルームBでも発表の準備が進んでいる。

目の前のグループでは会話が弾んでいる。

「すごいね。この資料」

大峰が朝倉の資料を見て驚いている。三枝もうんうんと言っている。

浅倉は照れながらも答えた。

「7回目だからですよ。はじめの資料なんてとんでもなかったですよ」

それを聞いた大峰は笑いながら言った。

「9回です」

「え？　9回も……上には上がいた」

私はなんの話をしているのかと立ち上がって、聞いてみた。

すると大峰は笑いながら答えた。

「ああ。友野先生にダメ出しされた回数ですよ」

「ええっ。そんなに再提出したのですか？」

私ならもうどうにでもなれとあきらめる。

浅倉は答えた。

「みんな打たれ強いのよ。失敗する回数は人一倍あるわ」

そう言うとグループのメンバーは笑った。

ルームDとは大きな違いだ。ノートに書き込む。


「打たれ強い」

ただチャレンジの回数を増やせばいい

成功する近道は挑戦の回数を増やすことです。

例えば起業もそうです。テレビなどでの成功した若いベンチャー社長への取材を見ると、あたかも一発であてたようなイメージに囚われますが、実は多くの方がいくつかの事業を失敗しその経験から現在の成功を収めているのです。

ですから、確実に成功を収める一度の挑戦を狙うより、だれもが挑戦しない未知の領域に乗り出す挑戦の回数が多いほうが間違いなく成功を収めます。

私は研修講師を育成するセミナーも実施していますが、「だれかやってみてください」と声をかけると、挑戦する人と挑戦しない人にくっきりとわかれます。

そしてセミナー終了後のテストの結果を見ると、挑戦した人のほうが講師に合格する確率が高いのです。これは、彼らに資質があるかないかではなく、挑戦し、失敗し学んだ結果なのです。

もう1つ例をあげます。

私は海釣りが好きなのですが、先日、釣れる人と釣れない人の違いに気がつきました。ほぼ同じ釣り場で同じ餌なのに釣果が異なります。釣れる人はとにかく餌を海に投げ込む回数が多いのです。決して成功率が高いわけではありません。

このように**数多く挑戦する人は成功する可能性が高くなります。**失敗を恐れて挑戦しないと、何が悪いかもわからないので、限りなく成功は遠くなる、いや、**挑戦しないことで成功はあり得ない**のです。

特に教えてもらっているとき、素人と呼ばれているときは挑戦するときです。失敗してもダメージは少ないですし、失敗を成功で取り返すことができます。だからこそまずは挑戦する習慣を身につけましょう。

すぐにチャレンジ！成長力を身につけよう

まず挑戦してみる。
確実に成功させる方法を考えるよりも、
失敗して改善点を見つける。

3

さあ、勇気を出して踏みだそう

停滞は頭の中の葛藤にすぎない

次から次へと発表が進んでいく。

竹ノ内の発表は、自分が会社内でどのような役割を演じればいいのかというテーマだった。自分にまだ何が足りないのかを分析していた。

浅倉のテーマは「自分にルーズになる」だった。

すべてのことを細かく知っておかなければならないという強みが弱みになることがあるので、それをコントロールすること。これを実践していくことを課題としてあげていた。

1人ひとりの発表が終わるたびに大きな拍手が起きた。いつもなら友野はここでかなり厳しい質問をするのだが、今回は微笑みながら拍手を送っていた。

でもどこか影があるようなはっきりしない笑いだった。


受講生の発表を聞きながら私は怖くなった。

この受講生は自分だけの地図をこの講義で手に入れて、それに従い確実に進んでいくのだろう。でも私には何もない。また、道のない道を進んでいくのか？

この3か月で私は多くのものを学んだが、結局それは片っ端から消えてしまい、何も残っていない。自分だけが卒業できない学校のようだった。


最後の受講者の発表が終わったときに、友野が総評を言った。

それはいつもよりゆっくりとした口調だった。

「みなさん、これで所定の講義はすべて終了しました。今回みなさんとご一緒に学べたことを誇りに思います。しかし、最後に伝えておかないとならないことがあります」

受講生はいっせいにノートを広げ、一語一句聞き漏らさないように、耳を澄ませた。

「みなさんは、これから生きていくために何をするべきかが明確になった。そしてその武器も手に入れた。それは、はじめてお会いしたみなさんの顔と、まったく別人に見える今のみなさんの顔から断言できる。しかし、ステージアップしたみなさんには必ず、これから予想したことがない〝停滞〟がやってくるでしょう。

そんなときに考えてほしい。停滞は自分の周りに起きていることではなく、自分の頭の中で起きている葛藤だ。だから勇気を出して一歩踏み出すことで葛藤は打ち破ることができる。限られた時間の中で、何が一番大事かを見極めて、行動を取られることを期待しています。ゴールドコース卒業おめでとう」

私はノートに「停滞を打ち破る」と書いた。

会場のあちこちから拍手が起きた。それは波のように大きな拍手になり、数名がハンカチを取り出した。目の前のグループでは大峰が竹ノ内と手を握りあっている。

「また会おう」と口々に言い合い、こうして講義が終わった。

講義終了後も友野の席にはいつまでも長い列が絶えなかった。

私はたんたんとアンケートを集め撤収作業を進めた。これが最後のアンケートだ。

「柚木さんありがとう」

何人かの人が書いてくれている。

私も役に立ったのか……。今までいろいろなアルバイトをしてきたけれど、人が成長し変化するのをこれだけ間近に見られる仕事ははじめてだった。でももう見ることはないだろう。

さっき、上司の屋敷に退職届を出してきた。かなり慰留をされたが、はっきり言ってやった。「あなたとは二度と仕事はしたくない」と。

友野とも別れのときがきた。

しかし、どこかで期待をしていた。やっぱり君をアシスタントにしたい、こう言われることを。

友野は少し疲れたような、そして何かをやり遂げた、まるで試合が終わった後のボクサーのような顔で言った。

「最後だね。ノートには何を書いたのかい?」

私はいつものようにノートを見せた。

「これはね……、成長する力だよ」

「成長する力……」

「ああ、例えば知ったことを実行する、そして挑戦する……。そして」

友野は私が最後に書いた行を指さした。

そこには滲んだ字で、停滞を打ち破る、と書かれていた。

私はそれが自分の涙で滲んだと悟られないように、あえて微笑もうとした。

「うん、届いたようだね」

「え？」

「最後の言葉は、君に向けてのメッセージだったんだよ。届いてよかった」

「え……？　私に、どうして？」

「だって、彼らはもう大丈夫だ。自分の道を見つけて歩き出した。今日は、最後に君に気づいてほしいことがあったから、いつもはしないメッセージを伝えた」

「だったら、私に直接伝えてほしかったです」

「いや、伝え方にはいろいろある。ここで伝えてもただのお別れの言葉になってしまう。だから君に見つけてほしかったんだ」

私はまた涙がこぼれだした。涙を流すのはいつ以来だろうか……。

「あの……、友野先生とこれからもご一緒することはできますか？　アシスタントとしてじゃなくてもいいです」

自分から言ってしまった。しかし本音だった。今の自分にはこれしか残っていない。この人だけが自分を救ってくれる。この人にならどんな辛いことでもついていける。

しかし、友野から出てきた言葉は私を打ちのめした。

「ダメだね。残念ながら私自身、君を引き連れていく目標をなくしてしまった。先ほどのみんなの発表を聞いていて情けなくなったよ。自分自身のマップがあったつもりなんだけど、母の死ですべての気持ちが冷めてしまった。こんな私がどうすれば君を引き連れていける？」

「じゃあ、先生はこれからどうするつもりですか」

「わからない。しかし、私は今停滞している。だから、自分のやりたいことを素直に実行してみようと思うよ。そして自分の地図を作りたいね」

「え……？　じゃあ、私はどうしたらいいのですか？　ここまで連れてきておいて、放り出すつもりですか、少しひどくありませんか？」

「そう思ってくれていい。ただ、放り出すという言葉は適切じゃない。君は君の地図を持っている。だからそれに従って行けば君の行きたいところに行ける」

「そんなものどこにあるんですか。いい加減なこと言わないでください」

涙と鼻水でくしゃくしゃになった私の顔の前に、あるものをすっと差し出した。ノートだった。

そして、「これが君の地図だよ」と、出会ったときと同じ微笑みで言った。

最初に渡されたときよりも分厚く、そして重くなったノートを私はじっと見つめた。

「これが私の地図だというのですか？」

「うん、それが君の地図だ。そして君はもう君のゴールを見つけているはずだ」

そう言い残し、黒い重そうなカバンをすっと持つと、ドアのノブに手をかけた。私は
「ちょっと待ってください」と言おうとしたが、やめた。

私は彼の姿を追うことが、自分のゴールではないことに気がついた。

だから、友野と同じような笑顔を作り、声をかけた。

「あの、友野先生、また会えますよね」

「ああ、いつかね」

それが友野との別れだった。

……7年後。

私はゴールドコースのルームBにいた。

アシスタントに指示を出していて気がついた。私も7年前にここで友野のアシスタントをしていた。

あれから7年もたったのか……。あのときに所長をしていた屋敷はもういなかった。

これが友野さんが見ていた風景か……。私はこの風景を見るために、いや、自分を友野さんに重ね合わせるためにここまで這いあがった。

このゴールドコースの講師になるには、数多くの厳しい試験や審査がある。合格率は1%と言われている。私は友野から学んだノートに書いてある習慣を実践した。

「どうしてそんなことができるのですか？」

最近この質問をよく聞くようになった。

習慣とはそのようなものなのだろう。自分が無意識にしているようになると本当の力になっているのだ。

はじめてのゴールドコース。名簿を見ると受講生も粒ぞろいだ。

息を整え、ハンドマイクを握り締め、いつもよりゆっくり声を出した。

「今日からのこのクラスを受け持つ柚木です」

受講生は自分より全員年上だ。

腕組み、足組みがずらっと並ぶ。

一番前列に座っている口ひげを蓄えた、ダブルのジャケットの経営者風の男性が、横の男性とひそひそ話している。

「あんな若造がこのコースの講師か？　大丈夫か？」


私は壇上から降りてニコッと笑ってやった。

「私は若いかもしれないがプロです。それに……」

私はダブルジャケットの男性の名札を覗き込み、続けて言った。

「大隅さん、今後講義を受けるときに足組みと腕組みは感心しませんね。失礼だと思われませんか？」

そう言って男性の足を指さした。すると、男性は慌てて姿勢を整えた。他の受講生も足を解き、腕組みをいっせいに外した。布がすり合わされる音が波のように聞こえた。

私はノートを開く。すでに7年間使い続けたノートは、今にも分解しそうだ。

私の講義にテキストはない。ただ、私が教科書代わりに使っているのはこのノートだ。

友野……。彼とはあれから会っていない。話に聞くと、1年の大半をフィリピンで過ごしているらしい。現地の子供たちに日本語を教えているようだ。それも無給で。

お金がなくなると日本に戻って研修講師をするという生活らしい。

彼自身の新しい地図が見つかったのだろう。

今まで何度も彼に連絡を取ろうと思ったが、思いとどまった。

なぜなら、彼と会うときにはもっと自分を磨き、最高の自分を見せたいと思っているから。

おわりに

小さな行動から人生を大きく変えよう

能力がない人はいない、これは私の考え方です。しかし、能力が発揮できていない人はたくさんいます。

やりたいのに我慢する、言いたいことを伝えられない。

そのような**「残念」を「幸せ」に変えるたった1つの方法は行動**です。

この本でお話しした行動は、みなさんにとってあたりまえすぎることばかりだったかもしれません。

しかし、各企業から選抜された1万名を超えるエリートの方でさえ、時には抜けや漏れがあるのです。本書ではそれを集めてお伝えしました。

そして、**一番大事な習慣は、学ぶ習慣**です。

「こんなあたりまえのこと」と思うのか、それとも「そう言われればできていないかもな」と思うのか……。おそらく本書をここまでお読みいただいた方にはこの学ぶ習慣はついていると思います。

能力を発揮するには、まず行動を変えるという考えの元、この本の執筆を進めてきました。最初に行動から変えるのは勝手が悪く、少しストレスを感じるかもしれません。しかし、習慣になれば周りから「どうしてできるの」と言われるようになります。みなさんの幸せにつながる習慣のスターターにこの本がなれば幸いです。

そしてよい習慣をこれから身につけられるみなさんに苦言を呈して、本書の執筆を終えようと思います。

「人間平均化の原則」

冒頭に少しお話ししましたが、悪い習慣からよい習慣に行動を変えられたとしても、元に戻るとまではいかないものの、徐々にリバウンドして最終的には元に戻ってしまう傾向があります。

私自身もウォーキングとジョギングを毎朝40分ほど行っていましたが、気がつくと30分に減っていきます。朝が忙しいだとか、別のことをしなければならない、と自分に理由をつけて、徐々に楽な、そして自分自身が従来行っていた行動に戻っていくのです。

これが「停滞」です。

停滞を打ち破り、自分にとって何が大事なのかを見つめ直して、ぜひ本書を何度でもご覧ください。最初に行動を変えようと思ったそのときにタイムスリップしてみてください。

最後になりますが、本書を執筆するに当たりお世話になった大和出版の佐藤様はじめ関係者の皆様、そして本を読者の方に届けて頂いている書店の皆様に心より感謝の意を表します。

そして、最後までお読みくださったあなたに最大の賛辞と感謝の言葉を伝え、終わりたいと思います。

ありがとうございました。

鳥原隆志

トップ1%に上り詰める人の頭の中身

必ず結果につながる「思考の習慣」

2016年 9月30日　初版発行

著　者……鳥原隆志

発行者……大和謙二

発行所……株式会社大和出版

東京都文京区音羽1-26-11　〒112-0013

電話　営業部03-5978-8121／編集部03-5978-8131

http://www.daiwashuppan.com

印刷所……信毎書籍印刷株式会社

製本所……ナショナル製本協同組合

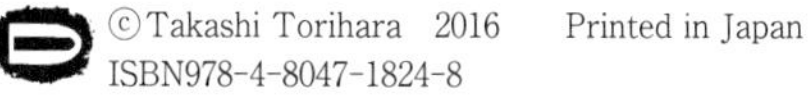

ISBN978-4-8047-1824-8